청소년의 마음건강을 위한

자기조절 워크북

인지행동치료(CBT) 연습 42가지 활동

The Teens' Workbook to Self Regulate:
Empowering Teenagers to Handle Emotions with Success through Coping Strategies and CBT Exercises
by Richard Bass

The Teens' Workbook to Self Regulate:

Empowering Teenagers to Handle Emotions with Success through Coping Strategies and CBT Exercises

청소년의 마음건강을 위한

자기조절 워크북

인지행동치료(CBT) 연습 42가지 활동

Richard Bass 저

정종진 · 조명선 · 김경희 · 김민희 · 이정신 · 정진숙 공역

학지사

역자 서문

청소년들은 현대 사회를 살아가면서 스트레스와 불안에 시달리고, 부정적 생각과 감정에 휘말리며, 마음건강이 약화되고 있는 것이 현실입니다. 교육부와 질병관리청이 실시한 청소년건강행태조사에 따르면, 최근 우리나라 청소년들의 스트레스, 우울감, 범불안장애, 외로움, 흡연과 음주, 자해행위 등 마음건강 상태가 우려될 정도의 통계 결과를 보이고 있습니다. 또한 여러 연구 결과에 따르면, 이러한 마음건강 상태는 자기조절과 밀접한 관련이 있는 것으로 밝혀지고 있습니다. 따라서 청소년 교육 및 상담에 있어서 무엇보다도 마음건강을 위해 감정을 성공적으로 관리하고 스트레스와 불안에 대처하기 위한 자기조절 능력을 함양해 주어야 할 것입니다.

이 책은 Richard Bass의 『The Teens' Workbook to Self Regulate』(2022)를 우리말로 옮긴 것입니다. 역자들은 벤더-게슈탈트검사(Bender-Gestalt Test: BGT)를 비롯한 투사적 검사와 이를 상담에 적용한 사례에 대해 토론하는 공부모임의 회원으로, 아동 및 청소년의 건강한 삶을 위해 노력하고 있는 교육자 혹은 상담종사자입니다. 번역 과정에서 역자들이 우리나라 상황에 맞게 일부 보충한 부분도 있음을 미리 밝혀 둡니다.

청소년의 자기조절을 위한 워크북 형태의 이 책은 현대 청소년들에게 감정조절과 행동수정 기술을 개발하기 위해 만들어진 심리치료의 한 형태인 인지행동치료(Cognitive Behavioral Therapy: CBT)를 소개하고 있습니다. 이 책은 청소년들에게 신념, 동기, 세계관을 형성하는 데 있어 부정적인 생각이 끼치는 영향을 이해하도록 도와주고, 자신이나 타인에게 상처를 주지 않으면서 격한 감정을 식별 · 설명 · 관리하는 방법을 가르쳐 주고, 충동에 굴복하지 않고 스트레스와 불안에 대처할 수 있는 건강한 대안 전략을 찾도록 해 주며, 마음을 짓누르는 격한 감정을 느낄 때 언제, 어떻게 멈추고, 숨을 쉬며, 정상적인 상태로 돌아갈 수 있는지를 알 수 있는 42가지의 실전 활동을 제공하고 있습니다.

청소년들이 적극적인 의사소통, 시간 관리, 갈등 해결과 같은 중요한 감정조절 능력과 감정지능을 개발하면 성공할 가능성이 크게 높아집니다. 청소년 자녀를 둔 부모를 비롯하여 초 · 중

등학교 교사, 청소년기관에 종사하는 청소년 지도사 및 상담사 그리고 대학교 신입생 담당 교수는 청소년에게 큰 부담을 주지 않으면서 목표를 설정하고 성취할 수 있도록 지원하고 싶을 것입니다. 청소년을 돕고 싶지만 어디서부터 시작해야 할지 잘 모르는 그들에게 이 책이 유용한 길잡이가 될 것이라고 확신합니다.

청소년들이 자신의 삶의 경험과 생각, 행동을 되돌아보고 외부의 압력 없이 편안하게 자신의 문제를 스스로 해결할 수 있도록 도와주기 위한 이 워크북에서는 구체적으로 다음과 같은 내용을 다루고 있습니다.

- 청소년이 힘들 때 의지할 수 있는 긍정적이고 지지적인 피드백 체제를 구축하기 위한 유용하고 실용적인 CBT 활동
- 불편하고 부정적인 생각에 맞서고 인지왜곡으로 인해 사실에 근거하지 않은 그릇된 행동을 예방하고 조절하기 위한 방법
- 자존감을 높이고 성장 마인드셋을 개발하기 위해 부정적인 신념을 긍정적인 신념으로 전환하는 방법
- 청소년이 원하는 결과를 얻기 위해 집중할 수 있는 재미있는 행동 실험
- 스트레스와 불안을 예방하고 대처하는 효과적인 활동
- 사회적 상황에서 다른 청소년들과 친교하며 주도적으로 집단을 이끌기 위한 전략
- 분노를 건설적인 변화로 이끌고 침착함을 유지하는 방법
- 기분이 우울할 때 긍정적인 생각을 갖도록 격려하는 활동

이 책에 소개된 기법을 활용하면, 청소년은 어떤 어려움도 잘 극복하고 학업과 개인적 성취를 위한 목표를 세울 수 있을 것입니다. 또한 부모와 교육자는 걱정과 스트레스가 많은 생활 속에서 살아가는 청소년들의 동반자가 되어 주고, 정신적 및 정서적 회복력이 필요한 미래의 도전에 그들이 잘 대비할 수 있도록 하는 데 도움을 받을 수 있을 것입니다. 망설이지 말고 지금 바로 청소년의 마음건강을 위해 투자하고, 청소년을 위한 자기조절 워크북을 펼쳐 보기 바랍니다.

어려운 출판계의 여건에도 불구하고 이 책의 번역 출간을 흔쾌히 수용해 주신 학지사 김진환 대표이사님과 편집과 교정을 비롯하여 멋진 책으로 탄생할 수 있도록 애써 준 편집부 박현우님께 감사드립니다. 또한 역자들의 원고를 수합하고 정리하며 용어와 문맥의 통일성을 위해 수고

해 준 조명선 박사님께 감사한 마음을 전합니다. 끝으로, 미래의 희망이자 주역인 청소년들에게, 그리고 그들과 동행하며 지도하는 모든 분에게 이 책을 바치면서 큰 도움이 되기를 기원합니다.

2026년 1월

역자 대표 정종진

시작하는 말

"성장하고 진정한 자신이 되려면 용기가 필요하다."
— E. E. 커밍스(E. E. Cummings)

오늘날 청소년도 성인과 비슷한 수준의 스트레스를 경험한다는 사실을 알고 있나요? 더 심각한 문제는 많은 청소년이 스트레스가 자신의 신체적 · 정신적 · 정서적 안녕감에 미치는 영향을 과소평가한다는 점입니다.

2017년 미국심리학회(American Psychological Association: APA)가 실시한 설문조사에서 많은 청소년이 다음과 같은 스트레스 원인을 꼽았습니다.

- 학교 관련 스트레스(83%)
- 좋은 대학 진학이나 고등학교 졸업 후 진로 결정(69%)
- 가정의 재정 문제(65%)

2013년 교육부와 질병관리청이 실시한 조사 결과에서 우리나라 청소년들의 스트레스 원인은 다음과 같이 나타났습니다.

- 성적 및 진로 부담(36.1%)
- 학업(25.9%)
- 외모(10.2%)
- 부모님과의 갈등(9.4%)

또 다른 미국심리학회 설문조사에 따르면, 청소년의 절반 이상(55%)이 정서적 지원을 위해 소셜 미디어에 의존하고 있으며, 45%는 소셜 미디어 때문에 오히려 불안감이 커지고 자신에 대해 부정적으로 느낀다고 답했습니다.

적절한 수준의 스트레스는 과제 수행 능력을 높이고 비판적 사고와 정서 발달을 촉진할 수 있습니다. 하지만 성장기 청소년들에게는 격한 감정을 조절하고 압박감 속에서도 성장할 수 있도록 돕는 효과적인 스트레스 관리 기술을 배우는 것이 중요합니다.

청소년기에는 다양한 신체적 · 정서적 · 인지적 · 행동적 변화가 일어납니다. 하지만 이러한 변화가 반드시 학습이나 마음건강, 자아상, 인간관계에 문제가 되는 것은 아닙니다.

이 워크북은 청소년이 스트레스에 대처하는 방법을 배울 수 있도록 만들어졌습니다. 청소년들은 인지행동치료(Cognitive Behavioral Therapy: CBT)를 통해 부정적인 생각과 감정을 인식하고, 스트레스와 불안에 대처하는 올바른 방법을 찾게 될 것입니다.

청소년들은 빠르게 변화하는 현대 사회에서 성장하며, 삶의 여러 측면에 영향을 미치는 다양한 문제(스트레스, 불안, 공격행동, 폭력, 우울증, 물질남용 등)에 직면하고 있습니다. 이 워크북의 목적은 학교에서 잘 가르치지 않는 대처 기술을 알려 주고, 감정을 옳게 다스려 현명한 결정을 내리는 방법을 보여 주는 데 있습니다.

42가지 활동을 모두 마친 후, 청소년들은 유용한 기술과 기법으로 가득 찬 새로운 심리 도구상자를 갖추고 삶의 도전에 맞설 힘을 얻게 될 것입니다!

차례

제2부 행동기법 - 행동 바꾸기

제1부

인지기법 – 생각 다루기

제1장

가정 내에서의 청소년 마음돌봄

"감정은 우리가 만드는 게 아니라 그냥 찾아오는 것이다. 우리가 할 일은 그 감정을 반갑게 맞이하는 것이다."

— 헥토르 가르시아 푸이그세르베르(Hector Garcia Puigcerver)

청소년도 마음 상담이 필요할까

스트레스를 받고, 감정의 기복이 심하고, 학교생활에 어려움이 있는 건 청소년이라면 누구나 경험하는 일이에요. 하지만 이런 어려움이 평소 생활에 큰 영향을 주기 시작할 때가 있어요. 예를 들어, 불안감 때문에 발표를 피하게 되거나 부정적인 생각이 멈추지 않을 수 있답니다.

평소의 내가 아닌 것 같다고 느껴진다면, 이건 도움이 필요하다는 중요한 신호랍니다. 상담 선생님과 이야기하면 지금 겪고 있는 몸과 마음, 행동의 변화가 왜 생겼는지 알 수 있어요. 또 스트레스와 불안을 잘 다루는 방법을 배워서 청소년 시절을 건강하게 보낼 수 있게 도와줍니다.

그래서 "청소년도 마음 상담이 필요할까?"라는 질문의 답은 확실히 "그렇다!"입니다. 하지만 꼭 알아 둘 게 있어요. 상담은 '정신적으로 문제가 있는' 사람만 받는 게 아니랍니다. 이런 오해 때문에 많은 청소년이 도움받기를 망설이게 됩니다. 트라우마를 겪거나 마음건강 진단을 받을 때까지 기다릴 필요 없어요. 그냥 누군가에게 판단받지 않고 내 마음을 털어놓고 싶을 때도 있잖아요.

집에서 편하게 하는 마음돌봄

여러분 중에는 정말 가까운 사람 몇 명에게만 속마음을 이야기하는 경우도 있을 거예요. 특히 과거에 상처받은 경험이 있다면, 상담 선생님한테 마음을 여는 게 더 부담스럽죠. 하지만 걱정하지 마세요. 혼자서도 할 수 있는 방법이 있으니까요!

맞아요. 여러분이 스스로의 마음돌봄 전문가가 될 수 있습니다. '자기 마음돌봄에 대한 연구는 아직 많지 않지만, 자기계발서를 읽거나 마음건강 앱을 쓰거나 자기 돌봄을 실천하는 것이 심리적 안녕감을 높이는 데 도움이 될 수 있다는 연구가 있습니다.'

이 방법은 돈도 덜 들고, 내 마음건강을 내가 책임지면서 나에게 맞는 방법을 찾아갈 수 있게 해 줍니다.

이 워크북은 스스로 하는 마음돌봄을 권하지만, 전문가의 도움이 필요 없다는 뜻은 아니에요. 이 책의 목표는 여러분이 스스로 마음건강을 관리하고, 자기 속도로 개인적인 어려움을 마주하며, 삶을 더 의미 있게 만들어 줄 심리적 도구를 배울 수 있도록 돕는 데 있습니다.

인지행동치료(CBT)는 어떻게 작동할까

이 워크북에서 배울 심리적 돌봄 방법은 인지행동치료(Cognitive Behavioral Therapy: CBT)라고 합니다. 인지행동치료는 생각과 감정의 세계를 탐험하면서, 내가 생각하고 느끼는 것이 내 행동과 관계에 어떤 영향을 주는지 이해하도록 도와줍니다.

인지행동치료의 가장 좋은 점은 문제 해결에 집중한다는 거예요. '지금 당장' 스트레스와 불안을 줄이고 힘든 시기를 이겨 낼 힘을 얻기 위해 뭘 할 수 있는지 찾아봅니다.

연구에 따르면 인지행동치료는 불안, 우울, 섭식 문제, 중독 같은 마음의 어려움을 다루는 데 효과적이에요(Cleveland Clinic, 2022). 또한 지나치게 걱정하기, 사회적으로 불편함, 자기 자신을 심하게 비판하기, 금방 포기하기 같은 행동 패턴을 이해하고 개선하는 데도 도움을 줘요.

이 워크북의 사용법

이 워크북에는 다양한 인지행동치료 기술을 배울 수 있는 42가지 활동이 담겨 있습니다. 크게 인지기법(생각 다루기)과 행동기법(행동 바꾸기)으로 나뉩니다. 여러분의 속도와 시간에 맞춰 원하는 활동을 선택할 수 있어요.

활동할 때 중요한 건 적극적으로 참여하고, 호기심을 갖고, 열린 마음을 유지하는 것입니다. 내가 어떻게 생각하고 느끼는지 탐구하고, 나에 대한 새로운 발견을 받아들여 보세요.

각 장을 마친 후에는 잠시 시간을 내어 배운 것을 돌아보고, 여백에 메모를 남겨 보세요.

제2장

인지행동치료의 생각 다루기

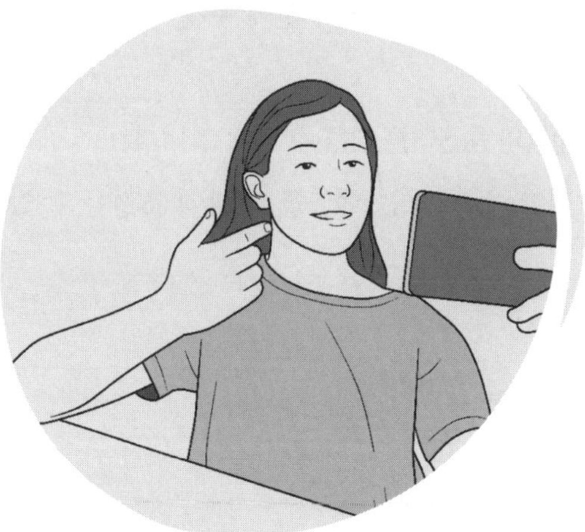

"인생의 행복은 생각의 질에 달려 있다."

— 마르쿠스 아우렐리우스(Marcus Aurelius)

인지행동치료가 생각을 바꾸는 방법

스물다섯 살이 되면 뇌 발달이 멈춘다는 말 들어 봤나요? 다행히 이건 사실이 아니에요. 우리 뇌는 놀라울 정도로 유연해서 평생 새로운 것을 배우고 변화할 수 있습니다. 그래서 몇 달만 노력해도 새로운 습관을 만들 수 있고, 나이가 들어서도 세상을 보는 눈을 바꿀 수 있는 거예요.

이건 정말 희망적인 소식입니다! 나 자신이나 다른 사람에 대한 부정적인 생각을 발견할 때마다, 더 건강하고 균형 잡힌 생각으로 바꿀 수 있다는 뜻이니까요.

마음속에 새로운 생각의 씨앗을 심고, 부정적인 생각에 "잠깐, 이게 진짜일까?" 하고 의문을 던지는 습관을 기르면 됩니다.

인지행동치료는 '인지왜곡'이라는 삐뚤어진 생각을 알아차리는 법을 가르쳐 줍니다. 이런 왜

곡된 생각을 발견하면, 현실을 제대로 보도록 생각을 조정할 수 있고 나와 내 삶에 대해 더 좋은 기분을 느낄 수 있어요.

인지기법의 목표

인지기법은 인지행동치료에서 배우는 '생각을 다루는 방법'입니다. 이 방법의 핵심은 부정적인 생각 패턴을 바꾸고, 불안이나 우울 같은 격한 감정이 밀려오기 전에 부정적인 생각을 먼저 알아차리는 거예요.

더 이상 생각에 끌려다니지 않고, 내가 내 생각의 운전대를 잡을 수 있게 됩니다!

진짜 믿음과 가짜 믿음을 구별할 수 있게 되고, 삶을 보는 렌즈를 더 밝게 조절할 수 있을 거예요!

인지기법은 다음과 같은 2가지 주요 목표를 갖고 있습니다.

- 일상에서 나를 힘들게 하는 구체적인 문제 찾아내기
- 부정적인 생각을 발견하고 더 건강한 방향으로 다시 쓰기

다음 장에서는 첫 번째 목표인 일상에서 문제를 발견하는 방법을 자세히 알아볼게요.

제3장

일상에서 나를 힘들게 하는 문제 찾기-12가지 활동

"문제는 문제가 아니다. 문제를 대하는 네 태도가 진짜 문제다."

— 캡틴 잭 스패로(Captain Jack Sparrow)

과거 기억을 더 잘 떠올리는 5가지 활동

우리 뇌는 하루에 약 7만 개의 생각을 처리합니다. 맞아요. 7만 개나 됩니다!

이 생각들 중에서 중요하다고 판단된 것들은 장기기억으로 저장되고, 길거리 광고판처럼 별로 중요하지 않은 정보는 버려지거나 단기기억에 잠깐 머물다 사라집니다.

어린 시절에 대해 물으면, 어떤 기억은 바로 떠오르지만 어떤 건 전혀 생각나지 않을 거예요. 아마 그런 정보는 이미 버려졌거나, 기억 창고 깊숙한 곳에 잠들어 있을지도 모릅니다.

특정한 일을 기억하기 어려운 또 다른 이유는 우리가 기억하고 싶은 것만 골라서 기억하는 경향이 있기 때문입니다. 예를 들어, 세 살 때 그네에서 떨어져 아팠던 건 생생히 기억하면서도, 4년 후 같은 일이 있었을 때는 덜 아팠다는 이유로 잊어버리는 식이죠.

우리 뇌는 우리 몰래 이상한 일을 해요. '부정적 편견'이라는 자동장치 때문에 부정적인 경험은 크게 기억하고 긍정적인 경험은 적게 기억하거나 무시해 버립니다. 마치 나쁜 기억은 확대하고 좋은 기억은 축소하는 자동카메라 렌즈 같아요.

그래서 과거 기억을 개선하는 연습이 중요합니다! 좋았던 일, 나빴던 일, 힘들었던 일을 모두 돌아보면, 여러분이 극복해 낸 어려움 속에서 귀중한 삶의 교훈을 발견할 수 있으니까요.

다음 활동들은 여러분을 추억 여행으로 안내하며, 과거의 다양한 경험을 떠올리는 데 도움을 줄 거예요.

활동 1

내 삶의 중요한 사건: 전과 후

나의 변화 이야기

우리 인생에는 자신을 크게 바꾸어 놓은 특별한 일들이 있어요. 예를 들면, 다른 학교로 전학 갔을 때, 사춘기가 시작되어 몸과 마음이 변했을 때, 부모님이 따로 사시게 되었을 때 우리 생활은 크게 달라질 수 있어요. 그런 특별한 일이 일어나기 전과 후에 여러분의 생활이 어땠는지 다음 질문들에 답해 보세요.

1. 그 일이 있기 전의 여러분과 그 후의 여러분을 표현한다면 어떤 단어를 쓰고 싶나요?

이전	이후

2. 그 일이 있기 전과 후에 좋아하거나 싫어했던 활동이나 관심사는 무엇이었나요?

이전	이후

3. 그 일이 있기 전과 후에 자주 갔던 장소는 어디였나요?

이전	이후

4. 그 일이 있기 전과 후에 주로 누구와 어울렸나요?

이전	이후

5. 그 일이 있기 전과 후에 여러분의 목표는 무엇이었나요?

이전	이후

★ **팁:** 변화는 때로 힘들지만, 그 과정을 통해 우리는 더 강해져요. 전과 후를 비교해 보며 여러분이 얼마나 성장했는지 칭찬하고 인정해 주세요!

활동 2

내가 만난 사람들 떠올리기

지금까지 만났던 사람 중에서 5명을 골라 보세요. 그리고 각 사람마다 처음 어떻게 만나게 되었는지 적어 보세요. 그때 무슨 일이 있었는지 자세히 기억해 보고, 함께 했던 특별한 순간들도 떠올려 보세요. 만약 지금은 예전처럼 친하지 않다면, 왜 멀어졌는지 생각해 보세요.

사람 1:

사람 2:

사람 3:

사람 4:

사람 5:

★ **팁:** 사람과의 관계는 우리 인생의 보물이에요. 가까워진 사람도, 멀어진 사람도 모두 여러분의 성장 이야기의 일부랍니다. 소중한 추억에 감사하세요!

활동 3

내 감정은 어디서 왔을까

자주 느끼는 감정을 하나 골라 보세요. 희망처럼 좋은 감정일 수도 있고, 슬픔처럼 힘든 감정일 수도 있어요. 그 감정을 처음 느꼈던 때로 돌아가서 다음 질문들에 답해 보세요.

1. 그때 나는 어디에 있었나요?

2. 그 상황에서 나는 무엇을 했나요?

3. 무엇이 그런 감정을 일으켰나요?

4. 그 감정을 느낀 후 나는 어떻게 행동했나요?

5. 그 감정이 요즘 내 삶에 어떻게 나타나나요? 최근에 똑같은 감정을 느낀 상황을 써 보세요.

6. 그 감정이 지금 내 인간관계에 어떤 영향을 주나요? 최근에 그 감정 때문에 누군가와 대화가 달라진 상황을 써 보세요.

★ **팁:** 감정을 탐정처럼 추적해 본 여러분, 대단해요! 이제 그 감정이 언제, 왜 나타나는지 알게 되었으니 더 현명하게 대처할 수 있을 거예요!

활동 4

어린 시절의 장소 떠올리기

어린 시절을 보냈던 장소 5곳을 직접 가 보거나 마음속으로 떠올려 보세요. 예를 들어, 어렸을 때 살던 집, 다녔던 유치원이나 학교, 자주 놀던 놀이터, 친한 친구네 집 등이 있겠죠. 각 장소마다 일기를 쓰듯이 짧게 경험을 기록해 보세요. 그곳에서 무엇을 보고, 어떤 냄새를 맡고, 어떤 소리를 듣고, 어떤 느낌이 들었는지 오감으로 느낀 것들을 중심으로 써 보세요.

장소 1:

장소 2:

장소 3:

장소 4:

장소 5:

★ **팁:** 추억의 장소를 다시 방문한 여러분, 시간여행을 다녀온 거나 마찬가지예요! 그곳에 남겨진 어린 날의 발자국이 지금의 여러분을 만들었답니다.

활동 5

내 마음의 기억 상자 만들기

여러분, 가끔 아무 이유 없이 머릿속에 옛날 기억이 떠오를 때가 있죠? 그럴 때마다 그냥 지나치지 말고, 기억 상자(노트)에 적어 두면 좋아요.

적을 때는 이렇게 4가지를 써 보세요.

- 언제 있었던 일인지(날짜를 적어도 좋아요)
- 그때 어떤 일이 있었는지
- 그 일로 내가 무슨 생각을 했는지
- 그때 어떤 기분이 들었는지

다음 표에 여러분의 기억을 모아 보세요. 첫 번째 줄에는 예시가 있어요.

언제	상황	그때 무슨 생각을 했나요?	어떤 기분이 들었나요?
예) 5살 여름	5살 때, 장화만 신으려고 했다.	어릴 적 나는 참 고집이 셌구나.	웃겨서 웃음이 났다. 좋은 기분.

언제	상황	그때 무슨 생각을 했나요?	어떤 기분이 들었나요?

힘들었던 기억과 친구가 되는 3가지 방법

예전의 힘들었던 기억이 떠오를 때 마음이 복잡하고 이해가 안 되는 건 너무나 자연스러운 일이에요. 왜냐하면 그 일이 일어났을 때 여러분은 아직 어렸고, 주변에서 무슨 일이 일어나고 있는지, 내 마음속에서 어떤 일이 일어나고 있는지 잘 알지 못했을 수도 있으니까요.

지금은 많이 컸지만, 그 기억이 여전히 흐릿하거나 이해하기 어려울 수 있어요. 기억을 떠올리기 어려운 이유는 퍼즐 조각이 빠진 것처럼 정보가 부족하기 때문이에요.

- "정확히 무슨 일이 있었는지"
- "그 일이 나에게 어떤 영향을 주었는지"
- "지금도 내가 세상을 보는 방식이나 친구들과 지내는 방법에 어떤 영향을 주고 있는지"

하지만 괜찮아요! 모르는 부분을 하나씩 채워 가다 보면, 옛날의 힘들었던 일을 떠올리거나 다른 사람과 이야기하는 게 훨씬 편해질 거예요.

다음 활동들은 여러분이 힘들었던 기억의 퍼즐 조각을 맞추고, 그 기억들이 지금의 나에게 어떤 의미가 있는지 발견하도록 도와줄 거예요. 천천히, 하나씩 해 보면서 나만의 속도로 기억과 친구가 되어 보세요.

활동 6

내 마음의 상처 이해하기

트라우마(마음의 큰 상처)는 너무 놀라거나 믿기 힘든 일을 겪거나 봤을 때 생기는 마음에 남은 큰 상처예요. 그래서 걱정이 되고, 불안하고, 희망이 사라지거나, 안전하지 않다고 느끼게 돼요. 트라우마가 있으면 공부나 집안일 같은 매일 하는 일에 집중하기 힘들어지고, 전에는 좋아했던 친구들과 노는 것도 재미없어질 수 있어요.

혹시 나에게도 트라우마가 있는 건 아닐까 생각된다면, 마음치료 전문가(상담 선생님)와 이야기해 보는 게 좋아요. 다음 질문들은 여러분의 힘든 마음을 더 잘 이해하는 데 도움이 될 거예요.

1. 다음과 같은 일을 겪은 적이 있나요?

- 누군가에게 심하게 맞은 일
- 아주 심한 병에 걸린 일
- 교통사고를 당한 일
- 사랑하는 사람이 세상을 떠난 일
- 어른이 나를 때리거나 아프게 한 일
- 어른이 내 몸에 상처를 입힌 일
- 내 몸의 소중한 부분을 누군가 함부로 만진 일
- 먼 곳으로 이사 간 일
- 부모님과 떨어져 지낸 일

만약 “네.”라고 답했다면, 이야기할 수 있을 만큼만 적어 보세요.

2. 그런 일을 직접 겪었나요? (예: 내가 다쳤거나 아팠나요?)

3. 다른 사람에게 그런 일이 일어나는 걸 봤나요? (예: 누군가 다치거나 싸우는 걸 봤나요?)

4. 그런 일에 대해 듣거나 간접적으로 영향을 받았나요? (예: 우리 동네에서 무서운 일이 일어났다는 소식을 들었나요?)

5. 그런 일을 여러 번 겪었나요? (예: 비슷한 나쁜 일이 계속 반복되었나요?)

★ **팁:** 내 마음의 상처를 마주하고 보듬어 주세요! 힘들었던 여러분의 마음을 위로하고 치유해 줄 수 있는 다음 글을 큰 소리로 외쳐 봅시다!

- 상처를 마주할 용기가 없다면, 행복을 얻을 수도 없어.
- 지금의 고통은 언젠가 나를 더 강하게 만들어 줄 거야.
- 울고 싶을 때 울어도 괜찮아. 눈물은 내 마음을 씻어 주는 비 같으니까.
- 언젠가는 이 순간도 웃으며 추억할 날이 올 거야.
- 지금은 힘들겠지만, 이 또한 지나갈 거야.
- 상처는 나의 약함이 아니라, 강함을 보여 주는 증거야.
- 힘든 날을 잘 견뎌 줘서 고마워. 난 정말 잘하고 있어.

활동 7

트라우마(마음의 큰 상처) 체크리스트

트라우마(마음의 큰 상처)를 알아보는 또 다른 좋은 방법은 몸과 마음에 나타나는 흔한 증상을 미리 알아 두는 거예요. 이런 증상은 생각, 감정, 행동 모두에 영향을 줍니다.

- 평소 겪는 트라우마 관련 증상이 무엇인지
- 그 증상이 얼마나 자주 나타나는지
- 얼마나 오래 지속되는지 기록해 두면 도움이 됩니다.

다음 표를 최대한 자세히 채워 보세요. 완성한 표는 병원을 가거나 상담 선생님을 만나러 갈 때 함께 가져가세요. 전문가에게 현재 상태를 정확히 설명하는 데 큰 힘이 될 거예요.

질문	예/아니요	얼마나 자주? (0=전혀 없음, 1=가끔, 2=자주, 3=매우 자주, 4=항상)	얼마나 오래? (1=몇 초, 2=몇 분, 3=몇 시간, 4=하루, 5=며칠, 6=일주일 이상)
그 사건의 특정 부분을 기억하기 어렵나요?			
그 사건 이전에 즐겼던 활동에 흥미를 잃었나요?			
그 사건을 떠올리게 하는 활동을 피하나요?			

질문	예/아니요	얼마나 자주? (0=전혀 없음, 1=가끔, 2=자주, 3=매우 자주, 4=항상)	얼마나 오래? (1=몇 초, 2=몇 분, 3=몇 시간, 4=하루, 5=며칠, 6=일주일 이상)
나 자신이나 다른 사람을 부정적으로 생각하나요?			
그 사건 이전보다 지금 더 위험한 행동(흡연, 음주, 가출, 자해 등)을 하나요?			
긍정적으로 생각하기 어렵나요?			
그 사건에 대해 자신을 탓하나요?			
그 사건에 대한 악몽을 꾸나요?			
다른 사람들로부터 고립된 느낌이 드나요?			
미래에 대해 생각하고 싶지 않나요?			

★ **팁:** 트라우마가 뭐예요?
트라우마는 너무 무섭거나 충격적인 일을 겪어서 마음에 생긴 상처예요. 무릎에 난 상처처럼 아프지만, 도움을 받으면 나을 수 있어요.

★ **중요:** 이 체크리스트는 교육 목적이며, 의료적 진단을 대체하지 않습니다. 증상이 심하거나 지속되면 반드시 전문의와 상담하세요.

활동 8

나만의 안전한 공간 만들기

안전한 공간은 마음이 힘들 때 갈 수 있는 실제 장소나 마음속 장소입니다. 여러분만의 비밀 아지트처럼, 정서적으로 안전하다고 느끼는 곳이에요. 스트레스를 받거나 힘든 상황을 겪을 때, 안전한 공간으로 가서 방해받지 않고 혼자만의 시간을 가질 수 있습니다.

다음 질문들이 실제 안전한 공간을 찾는 데 도움이 될 거예요.

1. 가장 안전하다고 느끼는 장소들을 적어 보세요(예: 내 방, 정원, 도서관 등). 그 장소들이 왜 안전하게 느껴지는지 특징도 함께 적어 보세요.

2. 내가 좋아하면서 마음이 편안해지는 활동들을 적어 보세요. 이런 활동을 할 때 필요한 물건들을 상자에 담아 안전한 공간에 가져다 두고 활용해 보세요.

3. 나를 안전하게 느끼게 해 주는 사람들을 몇 명 적어 보세요. 이 사람들이 내 삶에서 어떤 역할을 하는지 설명해 보세요. 힘들 때는 이런 안전한 사람들에게 연락해도 좋아요.

4. 안전한 공간에서 어떤 느낌을 받고 싶나요? (예: 편안함, 받아들여짐, 자유로움을 느끼고 싶나요?)

5. 안전한 공간을 만들기 위한 실행 계획을 세워 보세요. (예: 평범한 공간을 안전한 공간으로 바꾸기 위해 어떤 미술용품, 가구, 포스터, 음악 또는 다른 물건들이 필요할까요? 공간을 꾸미기 전에 부모님, 선생님 또는 관계자에게 꼭 허락을 받으세요.)

'내가 나 아닌 것 같은 느낌(이인화)'을 다루는 4가지 활동

너무 불안하거나 힘들고 짜증 날 때 나타날 수 있는, 잘 알려지지 않은 증상 중 하나가 '내가 나 아닌 것 같은 느낌(이인화)'이에요. 이럴 때는 내 몸 밖에서 나를 바라보는 것 같고, 지금이 진짜인지 의심되기도 하며, 마치 내가 내 역할을 연기하는 배우가 된 것 같은 느낌이 들어요. 인생이 깨어날 수 없는 긴 꿈처럼 느껴지기도 해요.

'내가 나 아닌 것 같은 느낌(이인화)'이 올 때는 마음속 감정을 잘 정리하기가 어렵지만, 반대로 주변에서 일어나는 일에는 더 예민해질 수 있어요. 내 삶에서 일어나는 일들이 무감각하거나 멀게 느껴지고, 일상에서 상황에 맞게 자연스럽게 반응하기가 힘들어져요.

예를 들어, 가족에게 따뜻한 마음을 표현하기가 어렵게 느껴질 수 있고, 학교에서 공부에 집중이 잘 안 되거나, 예전처럼 친구들과 장난치고 크게 웃기가 힘들 수 있어요. 마치 내 삶이 눈앞에서 펼쳐지는데, 나는 거기에 들어가서 함께하지 못하고 옆에서 보기만 하는 관찰자가 된 것 같은 기분이 들 수 있어요.

만약 이런 느낌들이 익숙하게 느껴진다면, 다음에 하게 될 활동들이 마음의 감정을 되찾고, 나 자신과 내 삶에 다시 연결되는 데 도움이 될 거예요. 그리고 증상을 정확히 알기 위해서는 자격을 갖춘 마음건강 전문의와 상담하는 것이 좋아요.

'내가 나 아닌 것 같은 느낌(이인화)'이 뭐예요?

때로는 내가 내 몸 밖에서 나를 보는 것 같은 이상한 느낌이 들 때가 있어요. 마치 게임 속 캐릭터를 조종하는 것처럼 내 몸이 따로 노는 느낌이에요.

- 이럴 때 생기는 일들
  - 가족이나 친구에게 평소처럼 다정하게 대하기 어려워요.
  - 수업 시간에 집중이 안 돼요.
  - 예전처럼 재미있게 놀지 못해요.

걱정 마세요! 다음 활동들(활동 9, 10, 11, 12)이 여러분을 도와줄 거예요.

활동 9

'내가 나 아닌 것 같은 느낌(이인화)' 체크리스트

'내가 나 아닌 것 같은 느낌(이인화)'을 경험한 적이 있는지 궁금한가요? 이 짧은 체크리스트는 이런 느낌과 관련된 증상을 나타내는 문장들로 구성되어 있어요. '예' 또는 '아니요'로 답하고, 얼마나 자주, 얼마나 오래 그런 증상을 경험하는지도 표시해 보세요. 이 체크리스트를 완성한 후 의사 선생님과 상담할 때 가져가도 좋아요.

증상	예/아니요	얼마나 자주? (0=전혀 없음, 1=가끔, 2=자주, 3=매우 자주, 4=항상)	얼마나 오래? (1=몇 초, 2=몇 분, 3=몇 시간, 4=하루, 5=며칠, 6=일주일 이상)
내 속이 텅 비어 있는 것 같다.			
예전의 나다운 면을 잃어버린 느낌이 든다.			
내 인생을 옆에서 구경만 하고 있는 것 같다.			
예전엔 자연스럽게 행동했는데, 요즘 내 행동이 딱딱하고 부자연스럽다.			

증상	예/ 아니요	얼마나 자주? (0=전혀 없음, 1=가끔, 2=자주, 3=매우 자주, 4=항상)	얼마나 오래? (1=몇 초, 2=몇 분, 3=몇 시간, 4=하루, 5=며칠, 6=일주일 이상)
내 생각과 몸의 감각에 너무 많은 주의를 기울인다.			
울지도, 웃지도, 아픔도 느끼지 못한다.			
스트레스받는 상황에서도 아무것도 느끼지 못한다.			
취미나 열정이 없다. 관심 가는 게 없다.			
친구나 가족에게 애정을 느끼지 못한다.			
치료받지 못하고 있는 마음의 병이 있는 것 같다.			

활동 10

어린 시절 사진 다시 보기

오래전에 찍은 사진 한 장을 꺼내 보세요. 사진을 바라보며 그때 내 삶에 어떤 일이 있었는지 떠올려 보세요. 그리고 사진 속 어린 나와 다시 연결되는 시간을 가져 보세요. 다음 질문들이 기억을 되살리는 데 도움이 될 거예요.

1. 이 사진은 어디서 찍은 거예요? 그곳이 나에게 특별한 의미가 있나요? 어렸을 때 살던 집인가요?

2. 사진에 보이는 사람 외에 누가 있나요? 혼자라면, 누가 찍어 준 건가요? 그 사람과 나는 어떤 사이였나요? 제일 친한 친구? 아니면 모르는 사람에게 부탁한 건가요?

3. 사진 속에서 뭘 하고 있나요? 생일 파티였나요, 가족 여행 중이었나요?

4. 그날이 기억나나요? 즐거운 날이었나요, 힘든 날이었나요? 행복했던 일이나 속상했던 일이 있었나요?

5. 사진 속 어린 나를 보니 어떤가요? 그때 누군가에게 꼭 하고 싶었던 말이 있었나요? 도움이 필요했나요? 어떤 걸 바라고 있었나요?

다른 사진으로도 같은 질문에 답해 보세요. 더 어렸을 때 사진을 골라서, 그 시절의 나를 더 깊이 만나 보세요.

활동 11

몸과 다시 연결하기

'내가 나 아닌 것 같은 느낌(이인화)'을 줄이는 좋은 방법은 몸을 움직이는 거예요! 몸을 움직이면 지금 이 순간에 집중하게 됩니다. 근육이 움직이고 다리가 움직이는 걸 느끼면서, 내가 경험하는 것이 진짜이고 내 몸을 내가 조절하고 있다는 걸 알게 돼요. 가장 좋은 건 힘든 운동 없이도 효과를 볼 수 있다는 거예요. 일주일에 3번, 15분씩 운동 경기, 에어로빅, 춤, 걷기 같은 활동만 해도 충분하거든요.

운동을 마칠 때마다 다음 표에 경험을 기록해 보세요. 첫 번째 줄은 예시입니다.

날짜	어떤 운동을 했나요?	운동 후 몸은 어떤 느낌인가요?	운동 후 생각과 기분은 어떤가요?
예) 5월 9일	줄넘기	다리가 약간 떨리고 숨이 차지만 개운하다.	정말 재미있었다. 내일도 또 하고 싶다.

날짜	어떤 운동을 했나요?	운동 후 몸은 어떤 느낌인가요?	운동 후 생각과 기분은 어떤가요?

★ **팁:** '내가 나 아닌 것 같은 느낌(이인화)'이란?

'내가 나인데, 내가 아닌 것 같은 느낌'을 의학 용어로 '이인화'라고 불러요. 현실감 상실 장애라고도 불리는 이인화는 분명 나는 존재하고 있는데, 나 자신이 마치 다른 사람처럼 느껴지고 꿈꾸는 듯한 느낌이에요. 마치 게임 속 캐릭터를 조종하듯 내 몸이 따로 노는 느낌이지요. 운동을 하면 내 몸과 다시 친해지고, '이게 진짜 내 몸이구나!' 하는 느낌을 되찾을 수 있어요!

활동 12

오감으로 현실 확인하기

내가 경험하는 것이 진짜인지 헷갈릴 때가 있나요? 그럴 때는 오감을 사용해서 '지금 이 순간이 진짜다.'라는 걸 확인해 보는 것이 도움이 돼요.

이번 활동의 목표

여러분이 진짜 여기 있고, 지금 느끼는 모든 것이 진짜라는 증거를 찾아보는 거예요.

시작하기 전에:

- 실내든 실외든 편안하고 안전한 곳을 골라요.
- 5가지 감각(시각, 청각, 촉각, 후각, 미각)을 모두 켜고 준비해요.

이제 차근차근 관찰해 봐요.

- 무엇이 보이나요?
- 어떤 소리가 들리나요?
- 무엇이 느껴지나요?
- 어떤 냄새가 나나요?
- 무슨 맛이 느껴지나요?

예시) 동네 공원에서:

시각: 아이들이 그네를 타며 놀고 있어요.

청각: 새들의 노랫소리가 들려요.

촉각: 시원한 바람이 얼굴을 스쳐 지나가요.

후각: 젖은 풀 냄새가 나요.

미각: 아침에 먹은 음식 맛이 아직 남아 있어요.

□ 나만의 오감 관찰일지(다음 표에 여러분이 관찰한 것을 적어 보세요.)

장소	시각 (보이는 것)	청각 (들리는 것)	촉각 (느껴지는 것)	후각 (냄새)	미각 (맛)
예) 쇼핑몰	사람들이 지나가요.	카트 소리가 들려요.	내 옷의 감촉이 느껴져요.	향수 냄새	커피 맛

장소	시각 (보이는 것)	청각 (들리는 것)	촉각 (느껴지는 것)	후각 (냄새)	미각 (맛)

★ **알아 두세요:**

이 활동을 하면 '지금 이 순간'에 집중하게 되어 현실이 더 선명하고 확실하게 느껴질 거예요!

이제 일상 속 문제들을 발견하는 법을 배웠으니, 다음 목표로 넘어가 볼까요? 바로 도움이 안 되는 생각 습관을 알아차리는 거예요.

제4장

도움이 안 되는 생각 습관을 알아차리는 11가지 활동

"좋거나 나쁜 것은 없다. 생각이 그렇게 만들 뿐이다."

— 윌리엄 셰익스피어(William Shakespeare)

방해되는 생각과 마주하는 4가지 활동

때로 우리 머릿속에는 방해되는 생각이 불쑥 찾아옵니다. 수업 시간에 과제를 하다가 갑자기 이상하거나 무서운 생각이 떠오를 수 있어요. 그 순간부터 공부에 집중하기 어렵고, 친구들과 평소처럼 어울리기도 힘들어집니다.

이런 생각이 얼마나 괴로운지는 여러분이 어떻게 받아들이느냐에 달려 있습니다. 만약 그 생각을 진짜라고 믿거나 실제로 일어날 일이라고 여기면, 두려움이나 분노 같은 격한 감정이 따라옵니다.

머릿속에 불쑥 떠오를 수 있는 방해되는 생각들은 다음처럼 다양합니다.

- 성에 대한 부적절한 생각
- 자신이나 사랑하는 사람이 다치는 상상
- 살고 싶지 않다는 생각
- 심각한 병에 걸릴 것 같은 두려움
- 자신이나 타인을 해치고 싶은 충동
- 사람들이 뒤에서 날 비웃는다는 의심
- 내가 다른 사람에게 짐이 된다는 걱정

이런 생각이 떠오른다고 부끄러워할 필요는 없습니다. 많은 사람이 때때로 이런 생각을 경험합니다. 여러분은 이상한 사람이 아니에요!

방해되는 생각을 관리하려면 이 생각이 언제 나타나는지, 어떤 상황에서 생기는지 알아차리고, 건강하게 대처하는 방법을 찾아야 해요. 다음 활동들을 통해 방해되는 생각을 알아보고 받아들이는 법도 배울 거예요.

활동 13

나의 생각 다이어리

방해되는 생각을 글로 적어 두면 마음이 한결 편해져요. 미리 기록해 두면 같은 생각이 다시 찾아와도 '아, 또 이거구나.' 하고 알아차릴 수 있어서 덜 당황하게 되거든요.

다음 표에 방해되는 생각들을 빠짐없이 적어 보세요. 첫 번째 줄은 예시로 채워 두었어요.

- 생각의 주제
- 처음 들었던 느낌
- 어떻게 대처했는지(1~5점으로 평가)

방해되는 생각	생각의 주제	처음 느낌	어떻게 대처했나요? (1점=전혀 못 다룸, 5점=아주 잘 다룸)
예) 나는 밥 먹을 자격이 없어.	자기 비난	죄책감이 들었지만, 점심은 끝까지 먹었어요.	그 생각에 휘둘리지 않고 밥을 다 먹어서 스스로 뿌듯했어요. 점수: 4점

방해되는 생각	생각의 주제	처음 느낌	어떻게 대처했나요? (1점=전혀 못 다룸, 5점=아주 잘 다룸)

활동 14

방해되는 생각 속 숨은 마음 찾기

인생에서 큰 변화를 가져온 중요한 순간을 떠올려 보세요. 다른 학교로 전학 갔을 때, 사춘기가 시작됐을 때, 부모님과 떨어져 지내게 되었을 때 같은 순간들 말이에요. 그 일이 일어나기 전과 후, 여러분의 삶이 어떻게 달라졌는지 생각해 보세요.

이전 활동에서 적었던 '방해되는 생각'을 다시 가져와서 그 생각 뒤에 숨어 있는 감정이 무엇인지 적어 보세요.

방해되는 생각	숨어 있는 진짜 마음
예) 사람들이 늘 내 뒷담화를 하는 것 같아.	이 생각 속에는 내가 사랑받을 만한 사람인지 불안해하는 마음, 그리고 늘 다른 사람들한테 인정받고 싶어 하는 마음이 숨어 있는 것 같아.

방해되는 생각	숨어 있는 진짜 마음

활동 15

방해되는 생각에 도전하기

머릿속에 갑자기 떠오르는 방해되는 생각이 있을 때, 그게 꼭 진짜는 아니라는 걸 기억하세요. 다음 질문들은 그 생각이 정말 맞는지 확인해 보고, 마음을 편안하게 만드는 데 도움이 될 거예요.

계속 나를 괴롭히는 생각을 하나 골라서 다음 질문들에 답해 보세요.

1. 이 생각이 진짜라고 믿을 만한 증거가 있나요?

2. 이 생각이 틀렸다고 생각할 만한 증거는 뭔가요?

3. 이 생각은 경직된 것일까요? 아니면 유연하거나 균형 잡힌 것일까요?

4. 이 생각은 실제 일어난 일인가요? 아니면 내가 상상한 건가요?

5. 이 생각을 하면 기분과 행동이 좋아지나요?

6. 내 가장 친한 친구가 이런 생각을 한다면, 뭐라고 말해 주고 싶나요?

활동 16

나를 비판하는 목소리와 나를 응원하는 목소리

우리 마음속에는 2가지 다른 목소리가 있어요.

- 나를 비판하는 목소리: 내가 하는 모든 일에서 잘못된 점을 찾아내고 비판하는 목소리
- 나를 응원하는 목소리: 내가 하는 모든 일을 따뜻하게 이해하고 응원해 주는 목소리

방해되는 생각이 나타날 때마다, 비판하는 목소리를 의심해 보고 응원하는 목소리에 더 귀를 기울이는 습관을 만들어 보세요. 예를 들어, 비판하는 목소리가 틀렸다는 증거를 찾고, 응원하는 목소리를 뒷받침할 긍정적인 믿음을 찾아보는 거예요.

다음 표를 채우면서 비판하는 목소리는 약하게, 응원하는 목소리는 강하게 만드는 연습을 해 봅시다. 첫 줄은 예시입니다.

방해되는 생각	이 생각이 틀렸다는 증거	이 생각 뒤에 숨은 감정	이 생각에서 배울 점	새로운 긍정적인 믿음
예시) 나는 못생겼고 아무도 날 좋아하지 않을 거야.	나는 예쁜 눈, 깨끗한 피부, 매력적인 미소를 가지고 있어.	내가 가치 없다는 느낌	나 자신이 얼마나 멋진지 스스로에게 더 자주 말해 줘야겠어.	내 아름다움은 특별해서 더욱 소중해.

방해되는 생각	이 생각이 틀렸다는 증거	이 생각 뒤에 숨은 감정	이 생각에서 배울 점	새로운 긍정적인 믿음

부정적인 생각 습관에 도전하는 7가지 활동

부정적인 생각은 쉽게 말해 '잘못 틀어진 생각'이에요. 마치 깨끗한 물에 더러운 것이 섞인 것처럼, 올바른 생각에 잘못된 정보가 섞여서 우리가 일상에서 경험하는 일들을 제대로 이해하지 못하고 잘못 해석하게 만드는 생각이죠. 우리의 생각과 감정, 행동은 ABC 순서로 연결되어 있어요.

- A – 사건(Activating event): 어떤 일이 일어났을 때
  — 예시: 친구가 나를 보고도 인사하지 않고 지나감
- B – 생각/믿음(Thought/Belief): 그 일을 어떻게 해석하는지
  — 부정적 생각: "친구가 날 싫어해. 나는 인기가 없어."
  — 긍정적 생각: "친구가 바빠서 못 봤나 봐."
- C – 결과(Consequences): 그 생각 때문에 생기는 감정과 행동
  — 부정적 결과: 속상해서 친구를 피함
  — 긍정적 결과: 나중에 친구에게 물어봄

이 ABC 과정에 사실이 아닌 추측이나 잘못된 정보가 섞이면, 같은 일을 겪어도 엉뚱한 감정과 행동이 나타나는 문제가 생겨요.

예를 들면, 다음과 같아요.

- 누군가 나를 비판한다고 추측해서 화를 냄 → 실제로는 사실을 확인해야 함
- 모든 사람을 믿을 수 없다고 단정해서 사람들을 멀리함 → 실제로는 각 사람을 알아가며 판단해야 함
- 좋은 소식: ABC 형식을 이해하고 "이 생각이 정말 맞을까?"라고 스스로 질문하는 연습을 하면 부정적인 생각 습관을 고칠 수 있어요! 다음 활동들은 여러분이 그렇게 할 수 있는 다양한 방법을 보여 줄 거예요!

활동 17

ABC 연결고리 찾기

이전 활동에서 배운 ABC 형식 기억나나요? 이제 실제로 여러분의 ABC를 찾아볼 차례예요.

다음 표에는 생각 패턴을 불러일으키는 여러 가지 '사건(A)'이 나와 있어요. 각 사건을 읽고, 그때 보통 떠오르는 여러분의 '생각(B)'과 그로 인한 '결과(C)'를 솔직하게 적어 보세요.

이 활동을 통해 평범한 일상의 사건들이 여러분의 감정과 행동에 어떻게 영향을 주는지 스스로 이해할 수 있을 거예요. 첫 번째 줄은 예시로 채워 놓았습니다.

사건(A)	생각/믿음(B)	결과(C)
예시) 부모님께 혼났을 때	부모님은 내 인생을 힘들게 만들려고 한다.	일부러 규칙을 어기며 반항한다.
시험을 망쳤을 때		
여러 사람이 나를 쳐다볼 때		
좋아하는 사람과 처음 말할 때		

사건(A)	생각/믿음(B)	결과(C)
운동 실력이 부족하다는 말을 들었을 때		
SNS 게시물에 '좋아요'를 못 받았을 때		
부모님의 기분이 안 좋아 보일 때		
친구가 메시지를 읽고도 답장을 안 했을 때		
특정 친구들과 잘 못 어울릴 때		
집에서 가족 간 갈등이 있을 때		

활동 18

균형 잡힌 생각 찾기

우리가 부정적으로 생각할 때는 흔히 '흑백논리'에 빠져요. 친구를 '완전 좋은 애' 아니면 '완전 나쁜 애'로만 보는 것처럼요. 하지만 현실은 그렇게 단순하지 않아요. 누구나 좋은 면과 아쉬운 면이 있고, 잘하는 날과 실수하는 날이 있죠. 이런 극단적 사고를 고치려면 '100% 완벽' 또는 '0% 최악'이 아닌, 그 중간 어딘가의 현실적인 관점을 찾아야 해요.

부정적인 생각을 고치는 방법 중 하나는 균형 잡힌 생각을 찾는 거예요. 너무 나쁘게만 보지도 않고, 비현실적으로 좋게만 보지도 않고, 실제 있는 그대로 바라보는 것입니다.

다음 표에 나온 부정적인 생각들을 읽고, 그것을 대신할 공정하고 균형 잡힌 생각을 적어 보세요. 첫 줄은 예시입니다.

부정적인 생각	균형 잡힌 생각
예시) 시험공부 해 봤자 소용없어. 어차피 못 볼 거야.	시험이 어려울 수도 있어. 하지만 공부한 만큼은 분명히 도움이 될 거고, 최선을 다하면 내가 생각한 것보다 좋은 결과가 나올 수도 있어.

부정적인 생각	균형 잡힌 생각

활동 19

부정적인 생각을 이기는 목표 세우기

부정적인 생각 습관을 바꾸려면 목표가 필요해요. 목표는 나를 응원해 주고, 내가 원하는 생각이 무엇인지 기억하게 해 줘요! 또 인지행동치료 연습을 꾸준히 하고, 내가 얼마나 성장하고 있는지 기록하는 데도 도움이 됩니다.

다음 질문들에 답하면서 나만의 긍정적인 생각 목표를 만들어 봐요!

1. 요즘 자꾸 떠오르는 부정적인 생각은 무엇인가요? (예: 이번 발표에서 실수하면 다들 나를 보고 웃을 거야. 나는 늘 망쳐!)

2. 그 생각 때문에 어떤 일이 힘들어졌나요?

3. 대신 어떤 생각을 하고 싶나요? (이것이 여러분의 목표예요!)

4. 그 목표를 이루려면 생각을 어떻게 바꿔야 할까요?

5. 매일 할 수 있는 작은 실천 5가지를 정해 보세요. (쉽고 재미있는 것으로!)

6. 목표를 이루면 어떤 좋은 일이 생길까요?

7. 목표를 이루는 데 필요한 도움이나 배워야 할 것은 무엇인가요?

8. 나를 응원해 주고 도와줄 사람은 누구인가요?

9. 언제부터 시작할까요?

10. 일주일 중 언제 실천할 수 있을까요? (요일과 시간을 정해 보세요.)

11. 내가 잘하고 있는지 어떻게 알 수 있을까요? (어떤 변화가 보이면 성공일까요?)

활동 20

문제를 발견하는 사람에서 문제를 해결하는 사람으로

부정적인 생각을 알아차리는 건 좋아요. 하지만 거기서 멈추면 안 돼요! 부정적인 생각을 발견했다면, 다음 단계는 내가 할 수 있는 해결 방법을 찾는 거예요. 그래야 "어떡하지…… 막막해……."라는 기분에서 벗어날 수 있어요.

다음 표에는 여러 가지 고민이 있어요. 각 고민을 보고, 상황을 조금이라도 좋게 만들 수 있는 쉬운 방법을 생각해 봐요.

부정적인 생각으로 생긴 문제	내가 할 수 있는 해결 방법
예) 부모님이 나한테 화나신 것 같아.	부모님께 다가가서 괜찮으신지 여쭤볼 수 있어.
다가오는 시험을 통과 못 할 것 같아.	
새 친구들이 날 좋아하지 않는 것 같아.	

부정적인 생각으로 생긴 문제	내가 할 수 있는 해결 방법
이 옷을 입기엔 내가 너무 뚱뚱한 것 같아.	
좋아하는 사람이 나를 무시해. 내게 관심이 없나 봐.	
SNS를 보면 우울해져.	
나는 친구가 별로 없어.	
내 고민을 털어놓을 사람이 없어.	
친구들 중에서 내가 제일 못생겼어.	
새 친구를 사귈 자신이 없어.	

활동 21

내 고민 점수 매기기

가끔은 인생이 너무 벅차고 힘들어서 부정적인 생각이 생겨요. 솔직히 말하면, 인생이 항상 순탄하지는 않죠. 때로는 무섭고, 자신이 없고, 의욕이 사라지는 어려운 일들을 마주하게 돼요.

인생이 "너무 힘들어!"라고 느껴질 때는 내가 겪고 있는 문제들을 적어 보고 얼마나 심각한지 점수를 매겨 봐요. 그러면 각 문제에 얼마나 걱정하고 신경 써야 할지 정리할 수 있어요.

다음 표를 사용해서 여러분이 겪고 있는 문제들을 적어 보세요. 각 문제 옆에 5점 만점으로 점수를 매기고, 내가 바꿀 수 있는 문제인지 확인하고 해결 방법을 적어 보세요. 첫 번째 줄은 예시로 채워 뒀어요.

내 고민	얼마나 힘든가요? (1=조금 힘듦, 5=정말 힘듦)	내가 바꿀 수 있나요?	어떻게 해결할 수 있을까요?
예) 나는 너무 부끄러움이 많아서 친구를 사귀기가 어려워.	3	네	• 같은 또래 친구들이 모이는 동아리에 가입해서 대화 연습하기 • 내가 좋아하는 활동을 하는 모임에 참여하기 • 예전 친구들이나 사촌들과 자주 만나서 자신감 키우기

내 고민	얼마나 힘든가요? (1=조금 힘듦, 5=정말 힘듦)	내가 바꿀 수 있나요?	어떻게 해결할 수 있을까요?

내 고민	얼마나 힘든가요? (1=조금 힘듦, 5=정말 힘듦)	내가 바꿀 수 있나요?	어떻게 해결할 수 있을까요?

내 고민	얼마나 힘든가요? (1=조금 힘듦, 5=정말 힘듦)	내가 바꿀 수 있나요?	어떻게 해결할 수 있을까요?

활동 22

감정과 사실 구분하기

가끔 우리는 자신이 느낀 감정을 사실이라고 착각할 때가 있어요. 이걸 '감정적 추론'이라고 하는데, 쉽게 말하면 내 기분 때문에 사실을 잘못 보는 거예요. 예를 들어, 친구가 대답을 잘 안 해서 무시당하는 느낌이 들면 "친구가 나한테 화났구나."라고 혼자 단정 지어 버리죠. 하지만 진짜 이유는 다를 수 있어요. 친구가 공부 때문에 바빴을 수도 있으니까요. 이렇게 기분만 믿고 판단하면 잘못된 결론을 내려서 더 힘들어질 수 있어요.

다음 질문들은 감정 때문에 사실을 놓치고 있는 건 아닌지 점검하는 데 도움이 될 거예요.

1. 최근에 여러분을 속상하게 한 일이나 생각을 적어 보세요. (예: 가장 친한 친구와 다툰 일)

2. 그 일 때문에 어떤 강한 감정이 들었나요? (예: 친구가 나를 비난하는 것 같은 느낌)

3. 그 감정 때문에 사실을 어떻게 다르게 볼 수 있을까요? (예: 비난받는 느낌 때문에 친구가 일부러 나를 상처 주려 했다고 생각할 수 있어.)

4. 그 감정 때문에 놓치고 있는 사실은 뭘까요? (예: 친구가 비슷한 경험이 있어서 진심으로 조언해 주려 했다는 사실을 놓칠 수 있어.)

5. 감정을 가라앉히고 나면, 이 상황을 어떻게 다르게 볼 수 있을까요? (예: 친구가 나를 아끼는 마음에서, 내가 잘되길 바라며 한 말이라는 걸 알 수 있을 거야.)

활동 23

다른 사람에 대한 지나친 기대 내려놓기

누군가가 내 기대대로 행동하지 않으면 서운하거나 의심스러운 건 당연해요. 예를 들어, 좋아하는 친구가 아침에 연락할 거라고 기대했는데, 연락을 안 하면 "나한테 관심이 없나 봐." "일관성이 없어." "나를 무시하나 봐." 같은 생각이 들 수 있어요.

이런 부정적인 생각들은 다른 사람도 나처럼 생각하고 행동할 거라고 기대하기 때문에 생겨요. 하지만 이런 생각은 공평하지 않아요. 모든 사람은 자기만의 방식으로 생각하고, 느끼고, 결정하거든요. 우리는 다른 사람의 행동을 조종할 수 없어요. 오직 내 행동만 조종할 수 있어요.

그래서 다른 사람에게 어떤 기준을 갖는 건 좋지만, 그걸 "이래야만 해!"라는 요구가 아니라 "이랬으면 좋겠어."라는 바람으로 생각하는 게 좋아요. 그러면 내가 원하는 대로 안 됐을 때 덜 상처받고 더 유연하게 대처할 수 있어요. 예를 들어, 좋아하는 친구가 아침에 연락을 안 해도, "거절당한 거야!"라고 생각하지 않고 친구의 입장을 이해할 수 있게 돼요.

다음 질문들에 답하면서 다른 사람에게 갖고 있는 기대를 점검해 봐요.

1. 기대했던 대로 행동하지 않아서 사이가 불편해진 사람이 있나요? 무엇을 기대했었나요?

2. '상대방도 나랑 다르게 생각할 수 있어.'라는 걸 떠올리면서 기대했나요? 왜 그렇게 생각하는지 써 보세요.

3. 내가 생각하는 것과 상대방이 생각하는 것, 둘 다 존중받을 수 있을까요? 그러면 나와 그 사람과의 관계가 어떻게 바뀔까요?

4. '반드시 이래야 해.'라고 생각했던 것들 중에, '이러면 좋겠다.' 정도로 양보할 수 있는 게 뭐가 있을까요?

5. 절대 양보할 수 없는 건 뭐예요? (상대방에게 '여기까지야.'라고 선을 그어도 괜찮아요.)

워크북의 첫 번째 부분을 완성했어요. 축하해요! 지금까지 우리는 생각을 건강하게 바꾸는 여러 가지 방법들을 함께 살펴보았어요. 특히 어떤 문제가 있는지, 그리고 어떤 부정적인 생각 습관이 있는지 알아내는 2가지 목표에 집중했죠. 이제 워크북의 두 번째 부분에서는 여러분이 바꾸고 싶은 행동들을 고치는 데 도움이 되는 유용한 행동 연습들을 배울 거예요. 계속 힘내요!

제2부

행동기법 – 행동 바꾸기

제5장

인지행동치료의 행동 바꾸기

"'왜 나에게 이런 일이?' 대신 '이 일이 나에게 무엇을 가르치려는 걸까?'라고 물으면 모든 것이 달라진다."
— 앤 데니시(Anne Dennish)

인지행동치료가 행동을 바꾸는 방법

워크북의 제1부에서 여러분은 부정적인 생각을 알아차리고 더 균형 잡힌 생각으로 바꾸는 법을 배웠습니다. 하지만 생각, 감정, 행동은 서로 연결되어 있어서, 생각을 바꾸면 행동도 함께 바뀌어야 합니다!

예를 들어, 전에는 '사람을 믿을 수 없어.'라고 생각했지만 인지행동치료를 통해 '사람마다 장점과 단점이 있어.'라는 균형 잡힌 시각을 갖게 되었다면, 타인을 대하는 태도와 행동도 자연스럽게 달라질 거예요.

새로운 사람을 만났을 때 의심하고 경계하는 대신, 열린 마음으로 그 사람을 알아가고 공통점을 찾아보려 할 것입니다.

이처럼 인지행동치료는 생각과 행동을 함께 바꿔 주는 도구입니다. 부정적인 습관을 알아차리고 건강한 습관으로 바꾸는 방법을 가르쳐 줍니다!

행동기법의 목표

행동기법은 인지행동치료 활동을 통해 익히는 실전 기술입니다. 핵심은 내 행동이 미치는 영향을 이해하고, 감정을 조절하는 더 나은 방법을 찾으며, 자기조절력을 키우고, 스트레스를 건강하게 푸는 방법을 찾는 것입니다.

행동기법은 다음과 같은 2가지 주요 목표를 갖고 있습니다.

- 격한 감정에 이름 붙이고, 설명하고, 대처하는 법 배우기
- 충동적인 행동을 알아차리는 법 배우기

다음 장에서는 첫 번째 목표인 격한 감정에 이름 붙이고, 설명하고, 대처하는 방법을 알아보겠습니다.

제6장

격한 감정을 이해하는 11가지 비법 – 이름 붙이고, 표현하고, 대처하기

"나는 감정의 노예가 되고 싶지 않다.
감정을 활용하고, 즐기고, 다스리고 싶다."
— 오스카 와일드(Oscar Wilde)

내 감정을 알아보고 이름 붙이는 4가지 활동

격한 감정이 다루기 어려운 이유는 단순합니다. 지금 내가 정확히 무엇을 느끼는지 모르기 때문이에요. 기분이 이상한 건 알겠는데, 그게 뭔지 말로 표현하기 어려운 거죠. '슬프다' '화난다' '기쁘다' 같은 단어로는 내 진짜 마음을 담아내기 부족할 때가 많습니다.

예를 들어, "슬프다."라고 말하지만, 사실은 '외롭다.'라거나 '의욕이 없다.'에 더 가까울 수 있어요. 둘 다 슬픔의 한 종류지만, 서로 다른 경험입니다. 감정 단어를 많이 알수록 내가 느끼는 것을 정확하게 표현할 수 있게 됩니다.

내 감정을 알아보고 이름을 붙일 수 있다면, 정체 모를 격한 감정에 휩쓸릴 때 생기는 불안이 줄어듭니다. 감정을 무서워하는 대신 '내 마음이 뭘 말하려는 거지?' 하고 탐구할 수 있어요.

더 좋은 점은 감정을 인정하면 그 강도가 줄어들고, 평소의 나로 돌아오는 건강한 방법을 찾기 쉬워진다는 거예요. 다음 활동들을 통해 감정을 알아보고 정확한 이름을 붙이는 법을 배워봅시다.

활동 24

감정을 표현하는 다양한 단어 찾아보기

우선, 감정을 표현하는 다양한 말을 알아야 해요. 우리가 느끼는 감정은 엄청 많지만, 크게 6가지로 나눌 수 있어요. 기쁨, 화, 슬픔, 무서움, 놀람, 혐오예요.

1가지 예를 들어 볼게요. 그냥 "슬퍼."라고만 말하면 되는 걸까요? 사실 더 자세히 보면, 친구가 없어서 '외로운' 슬픔일 수도 있고, 기대했던 게 안 돼서 '실망한' 슬픔일 수도 있어요. 똑같은 슬픔이라도 속을 들여다보면 완전히 다른 거죠! 그래서 감정을 표현하는 말을 많이 알면 알수록, 내 마음속에서 일어나는 일을 더 잘 이해할 수 있어요.

자, 이제 다음 표를 한번 볼까요? 여기 우리가 느낄 수 있는 여러 감정이 있어요.

기쁨	화	슬픔	무서움	놀람	혐오
신나는	억울한	외로운	걱정되는	신기한	미안한
편안한	답답한	속상한	떨리는	두근거리는	쑥스러운
고마운	짜증 나는	우울한	자신 없는	궁금한	못난 것 같은
기대되는	급한	가슴 아픈	조마조마한	깜짝 놀란	따돌림받는 느낌

기쁨	화	슬픔	무서움	놀람	혐오
소중한	무시당한	풀이 죽은	울고 싶은	재미있는	인정받지 못한
긍정적인	샘나는	버려진 느낌	어색한	빠져드는	보기 싫은
뿌듯한	복수하고 싶은	포기하고 싶은	갈피를 못 잡는	푹 빠진	창피함

이제 표를 보면서 다음 질문에 답해 보세요. 표에 있는 말을 써도 좋고, 비슷한 다른 말을 써도 좋아요!

1. 유치원이나 초등학교 1학년 때 첫날, 어떤 기분이었는지 떠오르는 대로 적어 보세요.

2. 가장 친한 친구를 떠올려 보세요. 그 친구와 나의 관계를 설명한다면 어떤 감정 단어들이 어울릴까요?

3. 이겨 낸 힘든 일(전학, 부상 등)을 생각해 보세요. 그때 어떤 감정을 느꼈고, 다시 힘을 낸 방법을 적어 보세요.

4. 미래에 대한 감정을 표현한다면, 어떤 단어를 사용할 건가요? 그 이유도 설명해 보세요.

5. 우리 주변엔 때론 대하기 어려운 사람이 있어요(무서운 선생님, 잔소리하는 가족 등). 그 사람과 있을 때 느끼는 감정을 말해 보세요. 그리고 진짜 느끼고 싶은 감정도 말해 보세요.

활동 25

내 안의 6가지 감정 만나기

감정의 좋은 점은 계속 변한다는 거예요. 오늘 느끼는 슬픔이 내일은 기쁨으로, 다음 주에는 무서움으로 바뀔 수 있어요.

감정이 자주 바뀐다고 해서 이상한 게 아니에요. 우리 몸이 일상에서 일어나는 여러 일에 대한 감정 상태를 알려주는 자연스러운 방법이랍니다.

감정은 마음의 신호등 같은 거예요. 이 신호들을 잘 관찰하면 '아, 내가 요즘 이런 상태구나.' 하고 내 마음건강을 알 수 있고, 힘들 때 누구에게 도움을 청해야 할지도 판단할 수 있답니다.

오늘은 여러분 안에 있는 6가지 기본 감정을 하나씩 만나 보면서, 그 감정들이 여러분의 일상에 언제 어떻게 찾아왔는지 돌아볼 거예요.

행복

행복은 내 삶에 만족하고 감사하는 마음 상태를 말해요. 다음 질문들에 답하면서 행복과 나의 관계를 탐구해 봐요.

1. 정말 행복했던 순간을 하나 떠올려 보세요. 어떤 순간이었는지 적어 보세요.

2. 그때 무엇을 했나요? 어떻게 행동했는지 기억나나요?

3. 다른 사람이 행복할 때 어떻게 알아차리나요? 어떤 신호들이 보이나요?

4. 행복한 마음은 다른 사람과의 관계에 어떤 영향을 주나요?

화

화는 뭔가 짜증 나고 억울하고 속상한 마음이에요. 다음 질문에 답하면서 화라는 감정과 더 친해져 봐요.

1. 정말 화났던 순간을 떠올려 볼까요? 무슨 일이 있었는지 적어 보세요.

2. 그때 어떻게 행동했나요? (소리쳤나요? 문을 쾅 닫았나요? 혼자 있고 싶었나요?)

3. 다른 사람이 화났을 때 어떻게 알 수 있나요? (표정? 목소리? 행동?)

4. 화가 났을 때 나는 주변 사람들에게 어떻게 대하게 되나요?

무서움

무서움은 진짜 위험하거나 '위험할 것 같다'고 느낄 때 생기는 감정이에요. 다음 질문에 답하면서 무서움이라는 감정과 친해져 봐요.

1. 정말 무서웠던 순간을 떠올려 볼까요? 무슨 일이었는지 적어 보세요.

2. 그때 어떻게 행동했나요? (도망갔나요? 숨었나요? 소리쳤나요? 얼어붙었나요?)

3. 다른 사람이 무서워할 때 어떻게 알 수 있나요? (표정? 목소리? 몸짓?)

4. 내가 무서워하면 친구들이나 가족과의 관계가 어떻게 변하나요?

슬픔

슬픔은 소중한 것을 잃었거나 마음이 아픈 일이 생겼을 때 느끼는 감정이에요. 다음 질문에 답하면서 슬픔이라는 감정과 친해져 봐요.

1. 정말 슬펐던 순간을 떠올려 볼까요? 무슨 일이었는지 적어 보세요.

2. 그때 어떻게 행동했나요? (울었나요? 혼자 있고 싶었나요? 아무것도 하기 싫었나요?)

3. 다른 사람이 슬퍼할 때 어떻게 알 수 있나요? (표정? 목소리? 행동?)

4. 내가 슬프면 친구들이나 가족과의 관계가 어떻게 변하나요?

놀람

놀람은 예상하지 못한 일이 갑자기 일어났을 때 '헉!' 하고 느끼는 감정이에요. 다음 질문에 답하면서 놀람이라는 감정과 친해져 봐요.

1. 정말 놀랐던 순간을 떠올려 볼까요? 무슨 일이었는지 적어 보세요.

2. 그때 어떻게 행동했나요? (입을 벌렸나요? 소리쳤나요? 눈이 커졌나요? 뒤로 물러섰나요?)

3. 다른 사람이 놀랄 때 어떻게 알 수 있나요? (표정? 목소리? 몸짓?)

4. 내가 놀라면 친구들이나 가족과의 관계가 어떻게 변하나요?

혐오

혐오는 뭔가를 강하게 거부하거나, 다른 사람들이 나를 싫어한다고 느낄 때 드는 감정이에요. 다음 질문에 답하면서 '혐오'라는 감정을 알아봐요.

1. 뭔가가 너무 싫었던 순간을 떠올려 볼까요? 무슨 일이었는지 적어 보세요.

2. 그때 어떻게 행동했나요? (얼굴을 찡그렸나요? 몸을 돌렸나요? '으' 소리를 냈나요? 멀리 피했나요?)

3. 다른 사람이 정말 싫어할 때 어떻게 알 수 있나요? (표정? 목소리? 행동?)

4. 내가 정말 싫어하면 친구들이나 가족과의 관계가 어떻게 변하나요?

활동 26

화났을 때 내 마음 들여다보기

속상할 때 감정을 다스리는 거, 진짜 힘들죠? 화났을 때 실수하지 않으려면 1가지 비법이 있어요. 바로 지금 느끼는 감정을 말로 표현하거나 종이에 적는 거예요. 그러면 '아, 하지 말걸…….' 하고 후회하거나 나와 다른 사람을 아프게 하는 일을 막을 수 있어요.

다음 질문들에 답하면서 속상할 때 내 감정이 어떤 영향을 주는지 알아봐요.

1. 최근에 속상했던 일을 하나 떠올려 보세요. 무슨 일이 있었나요? 그 일이 어떻게 시작되고, 진행되고, 끝났는지 자세히 써 보세요.

2. 그 일이 있을 때 내 마음은 어땠나요? 느낀 감정을 모두 찾아 보세요.

3. 이 일에는 나 말고 누가 관련됐나요? 그 사람들이 한 말이나 행동을 구체적으로 적어 보세요.

4. 혹시 내 생각이 일을 더 크게 만든 건 아닐까요? 어떤 생각들이 나를 더 힘들게 했는지 적어 보세요.

5. 그때 감정 때문에 어떻게 행동했나요? 어떤 결정을 하고 어떤 행동을 했는지 적어 보세요.

6. 내가 그렇게 해서 나중에 어떻게 됐나요? (더 좋아졌나요? 더 나빠졌나요?)

7. 더 좋은 대처 방법이 있었을까요? 다음에서 그때 써 봤으면 좋았을 방법들에 체크하세요.

더 나은 대처법들	체크(✔)
☐ "나 지금 화나."라고 솔직하게 말하기	
☐ "잠시만." 하고 그 자리 떠나기	
☐ 숨 크게 쉬면서 진정하기	
☐ "여기까지야."라고 선 긋기	
☐ 조금 양보하고 타협하기	

더 나은 대처법들	체크(✔)
☐ 웃으면서 넘기기	
☐ "나도 중요해."라고 당당히 말하기	
☐ '괜찮아, 잘하고 있어.'라고 나를 격려하기	
☐ 상대방 입장도 생각해 보기	
☐ 믿을 만한 사람에게 도움 청하기	

활동 27

내 감정 점수

많은 사람이 착각하는 게 있어요. 격한 감정은 항상 똑같이 세게 느껴진다고 생각하는 거예요. 하지만 그렇지 않아요! 같은 감정이라도 상황에 따라 얼마나 강하게 느껴지는지가 달라요.

예를 들어 볼게요. 화가 나는 정도를 1점부터 10점까지로 표현해 봐요(1점은 조금 짜증 나는 것, 10점은 많이 정말 화나는 것). 똑같이 '화'라는 감정이어도 숙제를 깜빡했을 때 4점, 친한 친구가 나를 속였을 때 8점, 이렇게 다르게 느껴질 수 있어요.

내가 느끼는 감정이 얼마나 강한지 점수로 매겨 보면, 감정이 너무 커지려고 할 때 마음을 다스리는 데 도움이 돼요.

이제 화가 나는 여러 상황을 1점부터 10점까지 점수로 매겨 보는 연습을 해 볼 거예요.

이런 상황에서……	내 화는 몇 점? 점수 기준: 1점(별로) ↔ 10점(대폭발)
내가 말하고 있는데 누가 끼어들 때	
카톡을 읽고도 답장을 안 할 때	
싸울 때 상대방이 욕하거나 놀릴 때	

이런 상황에서……	내 화는 몇 점? 점수 기준: 1점(별로) ↔ 10점(대폭발)
내가 싫다고 했는데 계속하라고 강요받을 때	
누군가에게 "안 돼."라는 대답을 들었을 때	
약속이 갑자기 취소됐을 때	
열심히 공부한 시험에서 성적이 떨어졌을 때	
내가 한 일에 대해 스스로 '못했다.'라고 생각할 때	
내 마음을 아무도 알아주지 않는다고 느낄 때	
도움이 필요한 데 아무도 도와주지 않을 때	

★ **팁:** 정답은 없어요! 사람마다 같은 상황에서도 다르게 느낄 수 있어요. 그게 바로 나를 아는 첫걸음!

화나고 슬플 때 마음을 다스리는 7가지 활동

화가 나거나 슬플 때 내 마음을 다스리는 건 정말 중요한 능력이에요. 이런 능력이 있으면 힘든 상황에서도 내 감정과 행동을 잘 조절할 수 있어요. 사실 격한 감정을 조절하는 건 쉽지 않아요. 왜냐하면 우리는 화가 나면 자연스럽게 이렇게 하고 싶거든요.

- 소리 지르거나 화내기
- 혼자 있고 싶어서 도망가기

- 아무 말도 안 하고 입 다물기

하지만 우리가 내 마음을 잘 들여다보고 지금 어떤 기분인지 알아차리는 연습을 하면, 격한 감정이 와도 더 건강한 방법으로 대처할 수 있어요.

이제부터 배울 7가지 활동을 통해 다음과 같이 할 수 있게 될 거예요.

- 상황을 다르게 생각해 보기
- 화내지 않고 내 마음을 잘 표현하기
- 화나거나 슬플 때 할 수 있는 다른 행동 찾기

자, 이제 시작해 볼까요?

활동 28

기분 전환하기

때로는 어떤 감정을 계속 느끼는 게 좋지 않을 때가 있어요. 예를 들어, 중요한 시험을 보기 전에 '아, 너무 떨려! 못 볼 것 같아!'라는 불안한 마음에만 집중하면 시험을 더 못 볼 수도 있어요.

그렇다고 이런 감정을 무시하라는 건 아니에요! 그저 나중에 생각하자는 거예요. 시험이 끝난 후에 15분 정도 일기를 쓰면서 이런 것들을 적어 볼 수 있어요.

- 시험 전에 어떤 기분이었는지
- 시험 볼 때는 어땠는지
- 마음을 진정시키기 위해 무엇을 했는지

속상하고 답답할 때 당장 해결할 시간이 없다면, 잠깐 다른 것에 집중하는 것도 좋은 방법이에요.

다음 표를 보고, 속상하고 답답할 때 기분을 전환할 수 있는 좋은 방법들을 써 보세요. 첫 번째 줄은 예시로 적어 놓았어요

상황	이렇게 생각 전환!
예시) 발표하기 전에 너무 떨려요.	**내가 친구들에게 알려 줄 좋은 정보를 생각해요. 친구들이 내 발표를 듣고 새로운 걸 배우게 될 거라고 상상해요.**
부모님이 내 행동에 대해 말씀하시는 데 화가 나요.	
나보다 잘난 것 같은 친구들과 있으면 자신감이 없어져요.	
내 외모가 마음에 안 들어서 친구들과 놀러 가기 싫어요.	
시험 점수가 안 좋아서 '나는 바보야.'라고 계속 생각해요.	
좋은 기회가 왔는데 '내가 할 수 있을까?' 의심돼요.	
다른 사람들이 뭐라고 할까 봐 내 생각을 말하기 무서워요.	

★ **팁:** 속상한 생각 대신 좋은 생각으로 바꿔 보는 거예요!

활동 29

속상할 때 마음 진정시키기

명상은 마음과 몸을 편안하게 만들어 주는 특별한 방법이에요. 명상에는 여러 종류가 있지만, 모두 1가지 공통점이 있어요. 바로 무언가에 집중하는 거예요. 어떤 물건, 생각 또는 느낌에 집중할 수 있어요. 이렇게 집중하다 보면 마음이 차분해지고 스트레스나 불안한 기분이 줄어들어요.

지금부터 배울 명상은 '마음챙김 명상'이라고 해요. 내 머릿속에 떠오르는 여러 가지 생각이나 감정들을 그냥 가만히 지켜보는 거예요. 억지로 없애려고 하지 않고, 그냥 '아, 이런 생각이 드는구나.' 하고 알아차리는 거죠.

명상이 끝나면 어떤 기분이었는지, 어떤 것을 새롭게 알게 되었는지, 그리고 내 마음에 대해 무엇을 발견했는지 생각해 보세요.

자, 이제 시작해 볼까요?

명상하는 방법

- 의자에 편하게 앉아요.
- 등은 의자에 기대고, 어깨는 편하게 내리고, 손은 무릎 위에 가볍게 올려놓아요.
- 눈을 감고 코로 깊게 숨을 들이마셔요. 잠깐 멈췄다가 입으로 천천히 내뱉어요. 마음이 편해질 때까지 이렇게 반복해요.
- 머리에 집중하면서 평소처럼 숨을 쉬어요. 내 마음속으로 들어가서 내 감정들을 구경한다고 상상해 봐요.
- 내 마음은 파란 하늘이고, 내 감정들은 하얀 구름이라고 생각해요.
- 구름들이 오른쪽에서 나타나서 천천히 내 마음을 지나 왼쪽으로 사라지는 걸 가만히 봐요. 어떤 감정 구름은 크고, 어떤 건 작아요. 큰 구름은 사라지는 데 시간이 더 오래 걸려요.

- 마음에 드는 감정 구름이 있으면 멈춰서 자세히 봐도 돼요. 그 감정에 이름을 지어 주고, 어떤 느낌인지 생각해 봐요. '좋다' '나쁘다'를 판단하지 말고 그냥 그대로 받아들여요.
- 어떤 감정은 내 몸에도 영향을 줘요. 심장이 빨리 뛰게 하거나, 힘이 나게 하는 감정이 있나요? 또 어떤 생각들이 떠오르게 하는지도 살펴봐요.
- 불편한 감정이 와도 계속 숨을 쉬면서 지켜봐요. 언제든 그 감정을 보내 줄 수 있어요. 한 감정 구름을 충분히 봤다면, 다음 구름을 봐요.
- 명상을 끝낼 때는 모든 감정 구름이 지나가고 끝없는 파란 하늘만 남았다고 상상해요. 아무것도 없는 평화로운 느낌을 즐기다가 준비되면 천천히 눈을 떠요.

내 명상 경험 적어 보기: 명상을 해 보니 어땠나요? 어떤 감정들이 떠올랐나요? 그 감정들에서 무엇을 배웠나요?

★ **팁:** 처음엔 이런저런 생각이 많아도 정상이에요! 명상은 '잘하는 것'이 아니라 '그냥 하는 것'이랍니다.

활동 30

어린 시절의 나에게 쓰는 편지

어렸을 때를 떠올려 보세요. 마음이 너무 힘들었는데 어떻게 해야 할지 몰랐던 때, 누구에게 말해야 할지 몰라서 혼자 속상했던 때가 있었나요? 그때의 나에게 편지를 써 보세요.

지금까지 배운 방법들을 사용해서 그때의 나에게 속상한 마음을 다스리는 방법을 알려 주세요. 어린 나를 위로하고 용기를 주는 따뜻한 말들로 편지를 써 보세요.

편지 쓰는 방법

- 그때 얼마나 힘들었는지 이해한다고 말해 주세요.
- 괜찮다고, 잘 이겨 낼 수 있다고 격려해 주세요.
- 지금 내가 아는 좋은 방법들을 쉽게 설명해 주세요.
- 혼자가 아니라고, 도와줄 사람들이 있다고 알려 주세요.

예시:

"○살의 나에게,

네가 그때 얼마나 속상했는지 알아.

하지만 너는 정말 강한 아이야……."

To. ______ 살의 나에게

편지 쓰기 팁

- 그때 어떤 일이 있었는지 먼저 공감해 주기
- "네 잘못이 아니야." "그럴 수 있어." 같은 위로해 주기
- 지금까지 배운 대처법 중 하나 알려 주기
- "너는 잘 해낼 거야." 같은 희망 메시지 전하기

★ **팁:** 어린 나를 내 동생이나 친한 후배라고 생각하고 써 보세요. 진심이 더 잘 전해질 거예요.

활동 31

마음이 힘들어질 때를 대비하기

여러분은 마음이 힘들어지기 전에 미리 알아차리고 준비할 수 있다는 걸 알고 있나요? 어떤 일이나 상황이 나를 화나게 하거나 슬프게 만드는지 알면, 미리 대비할 수 있어요.

다음 표에 여러 가지 감정이 있어요. 각 감정 옆에 어떤 일들이 그런 감정을 느끼게 만드는지 써 보세요.

예를 들어, '어떤 생각을 할 때 그런 기분이 드나요?' '어떤 기억이 떠오를 때 그렇게 되나요?' '어디에 있거나 무엇을 볼 때 그런 감정이 생기나요?' 첫 번째 줄은 예시로 써 놓았어요.

감정	이런 생각을 할 때	이런 기억이 떠오를 때	지금 이런 일이 있을 때
예시) 부끄러움	"나는 좋은 사람이 아니야."	• 친구들에게 따돌림당했던 일 • 초등학교 때 괴롭힘당했던 일	• 늘 나를 비난하는 화난 부모님과 함께 살 때 • 틱톡에서 다른 아이들과 나를 비교할 때
불안/걱정			
질투			

감정	이런 생각을 할 때	이런 기억이 떠오를 때	지금 이런 일이 있을 때
자신감 없음			
외로움			
남을 비난하는 마음			
배신감			
혼자라는 느낌			

작성 팁:

- 어떤 생각을 할 때 그런 기분이 드는지 써 보세요.
- 과거에 있었던 어떤 일이 떠오를 때 그런 감정이 드는지 생각해 보세요.
- 지금 주변에서 일어나는 어떤 일이 그런 감정을 만드는지 찾아보세요.

활동 32

좋은 감정 표현과 나쁜 감정 표현

모든 감정은 느껴도 괜찮아요. 화나는 것도, 슬픈 것도 다 자연스러운 거예요. 하지만 그 감정을 어떻게 표현하느냐에 따라 좋을 수도 있고 나쁠 수도 있어요.

예를 들어, 화가 날 때를 생각해 봐요. 화가 나도 침착하게 말하면 친구와 더 가까워질 수 있지만, 막 소리 지르면 사이가 나빠질 수도 있어요.

- 좋은 화 표현: "나는 이런 건 싫어. 다시는 그러지 마."라고 분명하게 말하기
- 나쁜 화 표현: 친구에게 소리를 지르거나 나쁜 말을 하기

여러분은 감정을 어떻게 표현할지 선택할 수 있어요. 좋은 표현과 나쁜 표현을 구분할 줄 알면, 마음이 힘들 때도 더 현명하게 행동할 수 있어요.

다음 표를 보고, 각 감정을 표현하는 좋은 방법과 나쁜 방법을 써 보세요. 첫 번째 줄은 예시로 써 놓았어요.

힘든 감정	나쁜 표현 방법	좋은 표현 방법
예시) 자신감 없음	내가 못났다고 생각해서 다른 사람들에게 못되게 굴거나 흉보기	나쁜 생각을 좋은 생각으로 바꾸고, 내가 잘하는 것 찾아보기

힘든 감정	나쁜 표현 방법	좋은 표현 방법
외로움		
서운함/억울함		
실망/포기하고 싶음		
걱정		
복수하고 싶음		
창피함/부끄러움		
우울함		

작성 팁:

- 나쁜 표현: 다른 사람이나 나를 힘들게 하거나 해로운 행동
- 좋은 표현: 문제를 해결하거나 기분이 나아지거나 도움이 되는 행동

활동 33

속상하거나 화날 때 어떻게 행동했나요

감정이 갑자기 확 올라올 때가 있어요. 그럴 때는 무슨 일이 일어났는지, 내가 지금 어떤 기분인지 헷갈릴 수 있어요. 이럴 때는 잠깐 멈추고 내 행동을 점검해 보면 도움이 돼요. 무엇 때문에 화가 났는지, 지금 내 기분이 정확히 어떤지 알 수 있거든요.

마음이 너무 복잡하고 어지러울 때는 조용한 곳으로 가서 다음 5가지 질문에 답해 보세요.

1. 무슨 일이 있었나요? 눈으로 본 것과 귀로 들은 것만 적어 보세요. 내 생각이나 느낌 말고, 정말 일어난 일만요.

2. 그때 나는 어떻게 행동했나요? 내가 한 선택이나 행동을 적어 보세요.

3. 내 행동이 도움이 됐나요? 내가 한 행동으로 상황이 좋아졌나요, 아니면 더 나빠졌나요?

4. 내가 느낀 감정은 무엇이었을까요? 내 행동을 다시 생각해 보니 그때 어떤 감정을 느꼈던 것 같나요? (예: 화남, 슬픔, 두려움 등)

5. 다음에는 어떻게 하면 좋을까요? 같은 감정이 들 때 더 좋은 방법으로 표현하려면 어떻게 하면 될까요?

활동 34

당장 하고 싶은 마음 참기

가끔 마음이 너무 속상하거나 화가 나면 좋지 않은 행동을 하고 싶어질 때가 있어요. 예를 들면 다음과 같아요.

- 부모님께 반항하기
- 친구를 때리기
- 물건을 부수기
- 나쁜 말을 하기
- 과자나 사탕을 너무 많이 먹기

이런 마음이 들 때는 모든 것을 멈추고 차분하게 생각한 다음, 그런 행동을 하지 않도록 스스로를 다독여야 해요.

화나거나 속상한 감정은 잠깐 동안만 느껴지는 거예요. 시간이 지나면 자연스럽게 가라앉고, 하고 싶었던 나쁜 행동도 하고 싶지 않게 돼요.

뭔가 좋지 않은 행동을 하고 싶을 때 스스로에게 물어볼 다음과 같은 질문들이 있어요.

1. 지금 무엇을 하고 싶나요? 그 마음이 얼마나 강한가요? (1점 = 조금, 5점 = 엄청 많이)

2. 왜 이런 마음이 들었나요? 어떤 일, 생각 또는 기억 때문인가요?

3. 이런 행동을 하고 싶게 만드는 감정은 무엇인가요?

4. 이 행동을 하면 어떤 나쁜 일이 생길까요? (3가지 이상)

5. 참으면 어떤 좋은 일이 있을까요? (3가지 이상)

6. 대신 할 수 있는 좋은 행동은 무엇인가요?

7. 누구에게 내 마음을 이야기할 수 있을까요? (꼭 가족이나 친구가 아니어도 돼요. 선생님이나 믿을 수 있는 어른도 좋아요.)

이제 여러분은 격한 감정에 이름을 붙이고, 설명하고, 다루는 방법을 배웠어요. 다음 장에서는 두 번째 목표인 '충동적인 행동을 어떻게 알아볼 수 있는지'를 함께 살펴볼 거예요.

제7장

충동적인 행동을 알아차리는 8가지 활동

"일시적인 감정으로 영구적인 결정을 내리지 마라."

— 작자 미상

심하게 긴장될 때 진정시키는 4가지 활동

우리 몸은 스트레스를 받으면 극도로 긴장하게 돼요. 이때 가장 먼저 나타나는 신호는 심장이 쿵쿵 빨리 뛰는 거예요. 그다음엔 숨이 가빠지고, 손에 땀이 나고, 머릿속이 하얗게 되죠.

이렇게 긴장한 상태에서는 오직 '여기서 벗어나야 해!'라는 생각만 하게 돼요. 차분하게 생각하는 대신 충동적으로 행동하기 쉬워요. 예를 들어, 상처 주는 말을 하거나 이상한 행동을 해서라도 다시 내 몸을 통제하고 싶어 하죠. 이때는 화, 불안, 짜증 같은 감정이 흔하게 나타나요. 이런 감정이 강해질수록 몸도 더 긴장하게 됩니다.

이런 긴장 상태에서 벗어나려면 우리 몸이 '정상' 상태로 돌아와야 해요. 여기서 정상이란 차분하고, 안정되고, 내 몸을 느낄 수 있는 상태를 말해요. 머리가 다시 맑아지고, 앞으로 어떻게 할지 똑똑하게 생각할 수 있게 되죠. 다음 활동들은 이완기법을 통해 긴장된 몸을 진정시키는 방법을 보여 줄 거예요.

활동 35

네모 모양으로 숨쉬기(Box Breathing)

몸이 너무 긴장되면 숨이 가빠져요. 숨을 짧고 헐떡거리며 쉬면 스트레스와 불안감이 더 커지고, 긴장 상태가 더 오래 지속돼요.

숨쉬기 운동을 하면 일부러 숨을 천천히 쉬게 되고, 폐에 더 많은 산소가 들어가요. 그러면 뇌에도 산소가 많이 전달되면서 온몸이 차분해져요.

'네모 모양으로 숨쉬기'는 천천히, 길게 숨을 쉬도록 도와주는 간단한 방법이에요. 따라해 보세요.

- 숨을 쉴 때마다 네모를 그린다고 상상해요.
- 첫 번째 선(위로): 하나, 둘, 셋, 넷 세면서 숨을 들이마셔요.
- 두 번째 선(옆으로): 하나, 둘, 셋, 넷 세면서 숨을 멈춰요.
- 세 번째 선(아래로): 하나, 둘, 셋, 넷 세면서 숨을 내쉬어요.
- 네 번째 선(옆으로): 하나, 둘, 셋, 넷 세면서 숨을 멈춰요.
- 마음이 편안해질 때까지 이 네모 그리기를 반복해요.

★ **팁:** 눈을 감고 머릿속으로 네모를 그려도 좋고, 손가락으로 공중에 네모를 그려도 좋아요! 오늘 배운 '네모 모양으로 숨쉬기'는 시험이나 발표 전에 특히 좋아요.

활동 36

내 마음 안정시키기

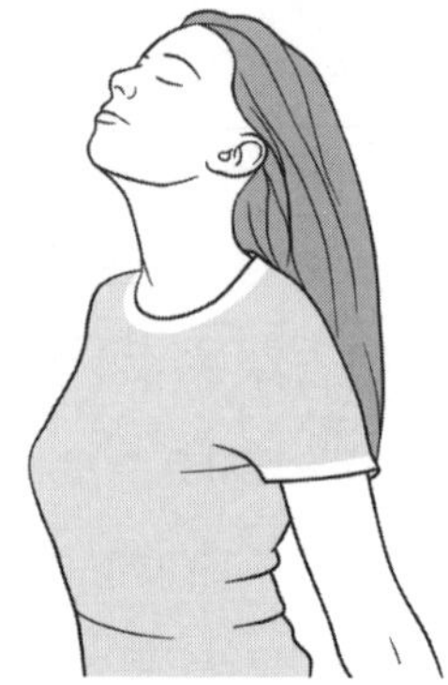

스트레스를 받으면 내 몸이 어떤 상태인지 느끼지 못하게 돼요. '내 마음 안정시키기'는 복잡한 생각과 감정에서 벗어나 지금 이 순간, 내 주변에 있는 것들에 집중하도록 도와줘요.

마음이 안정되면 부정적 생각이 계속 맴도는 것을 멈추고 현실로 돌아올 수 있어요. 그러면 정말 마음이 편해져요!

집에서도 쉽게 할 수 있는 마음 안정시키기 방법들이 있어요. 다음의 방법들을 한번 해 보세요.

- 찬물로 샤워하기
- 신맛이 나는 사탕 빨아 먹기
- 좋아하는 노래 따라 부르기
- 베개를 힘껏 꼭 껴안기
- 주변을 둘러보고 전에 못 봤던 재밌는 것 찾기
- 수영하러 가기
- 의자에 앉아서 내 몸무게 느껴 보기
- 간식을 30번 이상 씹어 먹기
- 좋아하는 춤 동작 연습하기

이 외에도 나만의 '내 마음 안정시키기' 방법을 5가지 이상 더 적어 보세요.

활동 37

몸으로 말해요

화나거나 슬픈 감정이 크면 우리 몸도 아프거나 불편하고 뻣뻣해져요. 몸을 자유롭게 움직이면 이런 불편한 느낌이 줄어들고, 내 자신과 다시 가까워질 수 있어요.

나만의 안전한 공간(활동 8 참고)이나 마음껏 움직여도 괜찮은 조용한 곳으로 가 보세요. 그리고 내가 느끼는 감정이 되어 본다고 상상해요. 예를 들어, 내가 '두려움'이 되거나 '화남'이 되는 거예요. 그럼 어떻게 걷고 움직일까요?

자유롭게 움직여 보면서 몸속에 쌓인 긴장을 풀어 보세요. 도움이 필요하다면 지금 내 기분과 비슷한 느낌의 음악을 틀어도 좋아요.

시도해 보기

- 화가 났다면: 발을 쿵쿵 구르거나 팔을 휘저을 수도 있어요.
- 슬프다면: 천천히 구부러지거나 부드럽게 흔들릴 수도 있어요.
- 신난다면: 펄쩍펄쩍 뛰거나 빙글빙글 돌 수도 있어요.

★ **팁:** 처음엔 부끄러울 수 있지만, 아무도 보지 않으니까 마음껏 움직여 보세요!

활동 38

스트레스 푸는 몸 운동

몸에 쌓인 긴장을 풀어 주는 효과적인 방법 중 하나가 '점진적 근육 이완법'이에요. 머리부터 발끝까지 온몸의 주요 근육을 차례대로 긴장시켰다가 이완시키는 운동이에요.

근육을 긴장시켰다가 풀어 주면 진정 효과가 나타나요. 다음의 순서를 천천히, 편안하게 따라 해 보세요.

- 준비: 침대나 바닥에 누워요. 다리는 살짝 벌리고, 팔은 편하게 옆에 둬요.
- 얼굴: 얼굴을 찡그려요! 3초…… 그리고 스르륵 풀어요.
- 목: 고개를 왼쪽으로 돌려 3초…… 중앙으로. 오른쪽으로 3초…… 중앙으로.
- 어깨: 어깨를 귀까지 올려요! 3초……천천히 내려요.
- 팔: 주먹 꽉 쥐고 팔을 구부려요. 3초…… 풀어요.
- 등: 가슴 내밀고 어깨 모아요. 3초…… 편안히.
- 배: 윗몸일으키기처럼 살짝 들어요. 3초…… 내려와요.
- 다리: 다리 쭉 뻗고 힘줘요! 3초…… 힘 빼요.
- 발: 발가락 오므려요. 3초…… 풀어요.
- 완료! 한 번 더? 얼굴부터 다시 시작!

이렇게 느껴져야 해요.

- 힘 줄 때: '으으으!' 긴장
- 풀 때: '아아아~!' 시원함

★ **팁:** 숨은 편하게 들이쉬고 내쉬어요! 자기 전에 하면 스르륵 잠들 거예요!

충동적 행동을 조절하는 4가지 활동

충동적으로 행동한다는 건 '생각보다 몸이 먼저 움직이는 것'이에요. 그 순간엔 속이 시원할 수도 있어요. 온몸에 흥분 물질이 돌면서 '일단 하고 보자!' 상태가 되니까요. 하지만 시간이 지나고 정신이 돌아오면? "아, 내가 왜 그랬지……." 하면서 후회와 부끄러움이 밀려오죠.

충동적 행동은 위험하고 습관이 되기 쉬워요. 계속하다 보면 스트레스를 다음과 같이 잘못된 방법으로 풀게 될 수도 있어요.

- 게임 중독
- 인터넷 중독
- 쇼핑 중독
- 폭식

나와 주변 사람들이 다치기 전에 충동을 조절하는 법을 배워야 해요. 지금부터 그 방법을 알려 드릴게요!

활동 39

어떤 상황에서 화가 날까

가끔은 별것도 아닌 일에 갑자기 화가 확 올라올 때가 있어요. 평소엔 괜찮은데 특정 상황에서 유독 예민해지죠. 심지어 누군가 내 이름을 이상하게 부르는 것만으로도 짜증이 날 수 있어요. 어떤 상황에서 화가 나는지 찾아서 기록해 두면, 그런 상황에 미리 대비할 수 있고 갑작스러운 감정 폭발을 피할 수 있어요.

다음 표에 화가 났던 순간들과 어떻게 감정을 조절했는지 기록해 보세요. 반복되는 패턴을 찾아보면 무엇이 나를 가장 짜증 나게 하는지 알 수 있을 거예요. 첫 번째 줄은 예시로 채워 놨어요.

언제	무슨 일이 있었나요? (상황)	화가 났을 때 든 생각	어떻게 조절했나요?
예) 일곱 살 가을	부모님께 잔소리 들음	"제발 좀 그만! 나 좀 내버려 둬!"	호흡 운동과 책을 읽으며 주의를 딴 데로 돌림

언제	무슨 일이 있었나요? (상황)	화가 났을 때 든 생각	어떻게 조절했나요?

작성 팁

- 상황: 구체적으로(예: '동생이 허락 없이 내 물건을 만짐')
- 생각: 화가 났을 때의 생각 그대로
- 조절: 실제로 한 행동

★ **팁:** 3일만 기록해도 패턴이 보여요. "아, 배고플 때 더 화가 나는구나."와 같은 발견을 할 수 있죠!

활동 40

도움이 필요한 위험 신호

때로는 마음이 너무 힘들어서 '모든 걸 끝내고 싶다.'라는 생각이 들 수도 있어요. 이런 이야기가 불편할 수 있지만, 절대 혼자 숨기지 말고 도움을 요청해야 하는 정말 중요한 주제예요. 미국에서는 15~24세 사망 원인 3위가 자살이고(SAVE, 2020), 우리나라 청소년 사망 원인 1위가 자살이에요(여성가족부, 2024). 그만큼 많은 친구가 힘들어하고 있다는 뜻이죠. 만약 죽고 싶은 생각이나 느낌이 든다면 가장 중요한 것은, 첫째, 자신을 탓하지 말고 이런 생각을 하는 사람이 많다는 것을 알아야 해요. 둘째, 그런 생각을 행동으로 옮기지 않도록 도움을 구해야 해요.

다음 질문들로 여러분의 마음을 살펴보세요.

1. '모든 걸 끝내고 싶다.'라는 마음이 들 때가 있나요? 어떻게 생각하나요?

2. '내가 사라지면 어떨까?'와 같은 생각을 한 적이 있나요? 그때 무슨 일이 있었나요?

3. 이런 마음을 누군가와 나눈 적이 있나요?

4. 다음의 생각들 중 해 본 적 있는 것에 체크하세요. (평소에 쓰는 말처럼 들리지만 실제로는 도움이 필요한 신호예요.)

이런 생각을 해 본 적 있나요?	체크 (✔)
내가 살아 있을 이유가 없어.	
내가 없으면 모두가 더 편할 거야.	
왜 살아야 하는지 모르겠어.	
막막하고 답이 없는 것 같아.	
너무 우울해.	
자고만 싶고, 밥도 먹기 싫어.	
좋아하던 것도 재미없어.	
혼자 있고 싶어.	
나는 쓸모없는 사람이야.	
다 내 잘못이야.	
아무도 날 이해 못해.	
아무도 날 사랑하지 않아.	

5. 힘든 마음을 다스리는 방법들 (해 본 것에 체크)

도움이 되는 방법들	체크 (✔)
상담 선생님이나 어른에게 말하기	
내 마음 소중히 여기기	
믿는 사람과 이야기하기	
친구들과 함께 놀기	
힘든 것 솔직하게 말하기	
운동하고 잘 먹기	
슬픈 영상이나 글 안 보기	
나를 괴롭히는 사람 피하기	
좋아하는 활동하기	

지금 바로 도움받을 수 있는 곳

- 전화 상담(24시간, 무료): 국번 없이 1388 (유선전화) 또는 지역번호+1388 (휴대폰)
  - 청소년상담 1388: 전화/문자/카톡 '청소년상담 1388'
  - 자살예방상담 109: 생명의전화
  - 마음건강 1577-0199: 위기상담
- 온라인 상담:
  - 청소년사이버상담센터(검색해서 접속)
  - 채팅, 게시판 상담 가능문자: #1388 또는 1388번으로 문자 보내기
- 온라인: www.1388.go.kr
- 기억하세요: 도움을 구하는 건 약함이 아니라 용기예요. 여러분은 혼자가 아니에요.

활동 41

충동적인 생각(당장 하고 싶은 마음) 멈추기

충동적인 생각(당장 하고 싶은 마음)대로 하는 행동은 급하게 드는 생각에서 시작돼요. 이런 생각들은 보통 "지금 당장 해야 해! 안 그러면 큰일 나!"처럼 느껴져요. 마치 당장 결정하지 않으면 큰일 날 것 같은 기분이 들죠.

하지만 진실은 시간이 충분하다는 거예요. 시계가 째깍거리는 것 같아도, 사실 여러분에게는 최선의 선택을 할 시간이 많아요.

당장 하고 싶은 마음은 이렇게 들려요.

- 그거 하지 마!
- 지금 안 하면 못 해!
- 그거 생각하지 말고 이것만 봐!
- 내 말대로만 해!
- 걔를 믿지 마!
- 빨리 맞서 싸워!
- 거기 있어! 가지 마!
- 당장 도망쳐!

이런 생각이 머릿속에서 소리칠 때, 일단 멈추고 진정하세요. 마음이 차분해지면, 그 급한 생각을 깨고 현명한 선택이 무엇인지 생각해 보세요. 할머니, 할아버지라면 어떻게 하실지 상상해 봐도 좋아요.

다음 표에는 당장 하고픈 마음의 예시가 있어요. 각각의 옆에 천천히 생각할 수 있는 현명한 답변을 써 보세요.

당장 하고 싶은 마음	현명한 답변
그 애한테 다시 연락하지 마!	
지금 말 안 하면 모두가 너를 바보라고 생각할 거야.	
혼날 거 생각하지 말고 지금 이 순간만 즐겨!	
내가 시키는 대로만 해!	
저 사람들은 믿으면 안 돼.	
맞서 싸우지 않으면 넌 겁쟁이야.	
너를 괴롭히는 친구여도 떠나지 마. 한 번만 더 기회를 줘!	
그 애랑 당장 연락 끊어! 그 애는 네가 생각하는 그런 애가 아니야.	

현명한 답변 작성 팁:

- "잠깐, 좀 더 생각해 보자."로 시작해 보세요.
- "정말 그럴까?"하고 의심해 보세요.
- "나중에 후회하지 않을까?" 생각해 보세요.
- "부모님이나 가족은 뭐라고 하실까?" 상상해 보세요.
- "친한 친구에게 조언한다면?" 생각해 보세요.

활동 42

모든 것을 내가 정하려고 하나요

일이 내 뜻대로 안 될 때 어떻게 하나요? '어쩔 수 없지.' 하고 받아들이나요? 아니면 내 마음대로 안 돼서 화가 나나요?

만약 여러분이 모든 걸 자신이 정하려고 하는 사람이라면, 스트레스를 받을 때 주변의 모든 것을 자기 마음대로 하려고 할 거예요. 그래야 안전하다고 느끼고, 편안하게 일상생활을 할 수 있거든요. 하지만 예상치 못한 일이 생겨서 내 마음대로 할 수 없게 되면, 너무 힘들어하고 감정이 폭발할 수 있어요.

인생은 예측할 수 없는 일들로 가득해요. 모든 일이 내 뜻대로 되거나, 사람들이 절대 실망시키지 않기를 바라는 건 불가능해요. 모든 걸 통제하려고 하는 대신, 스트레스를 견디는 힘을 기르고 '어떤 어려움이 와도 이겨 낼 수 있어!'라고 믿어 보는 게 어떨까요?

다음 질문들에 답하면서 내 행동을 돌아보세요.

첫째, 내가 '꼭 이렇게 해야 해!'라고 고집하는 것이 있나요? 둘째, 이 행동이 왜 남을 조종하는 건가요? 다른 사람에게 규칙을 정해 주나요? 꼭 지켜야 할 지시사항을 만드나요? 너무 많은 걸 요구하나요? 셋째, 이런 행동 뒤에 숨은 진짜 감정은 뭔가요? 어떤 감정 때문에 모든 걸 내가 정하고 싶어지나요? 넷째, 다른 사람을 조종하지 않고도 이 감정을 다스릴 방법은 뭔가요? 다섯째, 내 마음대로 안 될까 봐 걱정하지 않는다면 어떤 기분일까요? 여섯째, 내 마음대로 안 될 때 스스로를 진정시킬 수 있는 말은 무엇인가요?

1. 내가 '꼭 이래야 해!'라고 고집하는 행동 1가지를 생각해 보세요. (예: '친구는 매일 나한테 두 번 연락해야 해.' '부모님은 정확히 몇 시에 나를 데리러 와야 해.')

2. 이 행동이 어떻게 남을 조종하는 건가요? (예: 제한 두기 – "너는 다른 친구 못 만나." / 규칙 만들기 – "매일 3시에 전화해." / 큰 기대하기 – "항상 내 편이어야 해.")

3. 이런 조종하고 싶은 마음 뒤에 숨은 진짜 감정은 무엇인가요? (무엇이 두려워서? 뭐가 불안해서? 내 마음대로 해야 안심이 돼서?)

4. 남을 조종하지 않고도 이 감정을 다스릴 다른 방법은? (예: 불안할 때 – 심호흡하기, 일기 쓰기, 운동하기 / 외로울 때 – 취미 활동하기, 다른 친구 만나기)

5. '모든 게 내 계획대로 안 돼도 괜찮아.'라고 받아들이면 뭐가 달라질까요? (예: 마음의 여유, 자연스러운 친구 관계, 줄어든 스트레스, 편안한 일상)

6. 내 마음대로 안 될 때 나에게 해 줄 위로의 말을 만들어 보세요. (예: "괜찮아. 완벽할 수 없어." "이것도 나쁘지 않아." "다 잘될 거야.")

★ **팁:** 솔직하게 적어 보세요. 완벽하게 모든 걸 내 마음대로 하는 건 불가능해요. 그래도 괜찮다는 걸 받아들이는 연습을 하세요.

맺음말

"인생을 바꾸는 건 힘든 일 그 자체가 아니라, 그걸 대하는 너의 태도야."

— 디터 F. 우흐트도르프(Dieter F. Uchtdorf)

살다 보면 힘든 일이 많아요. 특히 요즘 청소년들은 어른만큼이나 스트레스와 불안을 많이 느끼죠. 때로는 집이나 학교 밖에서 전문적인 도움을 받는 것이 필요해요. 스트레스 관리법과 자기조절법을 배우면, 격한 감정이 올라와도 잘 다스리고, 부정적인 생각을 바꾸고, 욱하는 행동도 조절할 수 있게 돼요.

이 인지행동치료(Cognitive Behavioral Therapy: CBT) 워크북에서는 스트레스, 불안, 상처받은 마음을 다루는 42가지 활동을 해 봤어요. 여러분이 연습한 핵심 능력들은 다음과 같습니다.

- **자기인식:** 내 생각 · 감정 · 몸의 신호 알아차리기
- **인지 재구성:** 왜곡된 생각을 균형 잡힌 생각으로 바꾸기
- **마음챙김:** 지금 이 순간에 집중하기
- **정서적 회복탄력성:** 넘어져도 다시 일어서는 힘
- **공감:** 다른 사람의 마음 이해하기

- **고통감내**: 힘든 순간 건강하게 버티기
- **감정조절**: 내 감정의 주인 되기

이런 능력을 진짜 내 것으로 만들려면 꾸준한 연습이 필요해요. 배운 활동들을 일상의 여러 상황에서 계속 써 보세요. 시간과 인내심을 갖고 꾸준히 하다 보면, 세상에 나가서 진짜 나를 당당하게 표현할 힘이 생길 거예요! 여러분을 사랑하고 응원합니다.

※ 이 워크북을 마치고 난 후 자신의 생각과 소감을 정리해 보세요.

참고문헌

American Psychological Association. (2018). *Stress in America TM Generation Z*. https://www.apa.org/news/press/releases/stress/2018/ stress-gen-z.pdf

As One. (2016). *Cognitive behavioural therapy (CBT) skills workbook*. Hertfordshire Partnership University NHS Foundation Trust.

Bariso, J. (2019, September 30). 28 Emotional intelligence quotes that can help make emotions work for you, instead of against. Incafrica.com. https://incafrica.com/library/justin-bariso-28-emotional-intelligence-quotesthat-can-help-make-emotions-work-for-you-instead-of-against-you

BrainyQuote. (n.d.). Teen quotes. BrainyQuote. Retrieved November 3, 2022, from https://www.brainyquote.com/topics/teen-quotes

Branch, R., & Willson, R. (2012). *Cognitive behavioural therapy workbook for dummies* (2nd ed.). John Wiley & Sons.

Cleveland Clinic. (2022, April 8). Cognitive behavioral therapy (CBT). Cleveland Clinic. https://my.clevelandclinic.org/health/treatments/21208-cognitive-behavioral-therapy-cbt

Dennish, A. (2018, June 2). "Time to shift." Anne Dennish. https://annedennish.com/2018/06/02/time-to-shift/

Erieau, C. (2019, February 20). The 50 best resilience quotes. Driven App. https://home.hellodriven.com/articles/the-50-best-resilience-quotes/

Fryer, D. (2015, October 15). Ten quotes that sum up CBT perfectly. Daniel Fryer. https://www.danielfryer.com/2015/10/15/ten-quotes-that-sum-up-cbt-perfectly/

Good Reads. (n.d.). Hector Garcia Puigcerver quote. Www.goodreads.com. https://www.goodreads.com/author/show/7033810.Hector_Garcia_Puigcerver

Hanks, J. (2014). Feelings word list: Free download. Wasatch Family Therapy. https://wasatchfamilytherapy.com/blog/archives/27325

Lockett, E. (2022, April 18). Can you be your own therapist? Why self-therapy may be for you. Psych Central. https://psychcentral.com/health/self-therapy

Making the Connection. (n.d.). Positive change through cognitive behavioral therapy. www.maketheconnection.net. https://www.maketheconnection.net/read-stories/cbt/

Mandic, T. (2019). *The PTSD workbook*. Between Sessions Resources.

Morin, A. (2020, December 15). Why you should bring your teen to therapy. VerywellMind. https://www.verywellmind.com/top-reasons-teens-go-to-therapy-2609138

Morin, A. (2022, February 25). Which types of therapy are best for teens? VerywellMind. https://www.verywellmind.com/therapy-for-teens-2610410

Pietrangelo, A. (2019, December 12). CBT techniques: Tools for cognitive behavioral therapy. Healthline.https://www.healthline.com/health/cbt-techniques#types-of-cbt-techniques

Sacchetti, P. (2018, September 17). How CBT impacts our brain. Collaborative CBT. https://collaborativecbt.com/how-cbt-impacts-our-brain/#:~:text=How%20Does%20CBT%20Physically%20Change

SAVE. (2020). Suicide statistics and facts. SAVE. https://save.org/about/suicide/suicide-statistics/#:~:text=There%20is%20one%20suicide%20death

Schwartz, T. (2015, April 3). The importance of naming your emotions. The New York Times. https://www.nytimes.com/2015/04/04/business/dealbook/the-importance-of-naming-your-emotions.html#:~:text=Noticing%20and%20naming%20emotions%20gives

Smith, K. (2020, November 24). 6 Common triggers of teen stress. Psycom.net. https://www.psycom.net/common-triggers-teen-stress

Washington Post. (2013, January 4). We are meant to forget. Tampa Bay Times. https://www.tampabay.com/news/perspective/we-are-meant--to-forget/1268960/

Whalley, M., & Kaur, H. (2021). What is cognitive behavioral therapy (CBT)? Psychology Tools. https://www.psychologytools.com/self-help/what-is-cbt/

저자 소개

Richard Bass

리처드 배스(Richard Bass)는 장애 아동 분야에 대한 폭넓은 지식과 배경을 갖춘 확고한 저자다. 우울과 불안을 겪는 많은 아동과 청소년들을 직접 경험했다. 학생들에게 더 나은 도움을 제공하기 위한 기법과 아이디어를 연구하는 것을 즐기며, 부모들이 자녀를 이해하고 성공으로 이끄는 방법에 대한 지침을 제공한다.

리처드는 자신의 경험, 연구, 실천 방법을 글을 통해 나누고자 하며, 이는 이미 많은 부모와 학생들에게 성공적으로 입증되었다. 그는 부모와 아이 주변의 사람들이 아동의 장애나 마음건강을 충분히 이해할 필요가 있다고 느낀다. 그는 자신의 글을 통해 이러한 문제를 겪는 아이들에 대한 사람들의 이해가 더 넓어지기를 희망한다.

리처드는 교육학 학사 및 석사 학위를 보유하고 있으며, 초·중·고 특수교육과 교육행정을 포함한 여러 자격증을 갖추고 있다. 일하거나 독서, 글쓰기를 하지 않을 때는 가족과 함께 여행하며 다양한 문화를 배우고, 특히 장애가 있는 아동의 양육에 관한 전 세계의 아이디어를 얻는 것을 좋아한다. 또한 전 세계의 다양한 교육 시스템을 연구하고 학습한다.

리처드는 부모, 교육자, 의사, 심리학자들이 장애 아동과의 성공 사례를 공유하는 여러 온라인 그룹에 참여한다. 또한 자신의 책과 기법에 대해 더 깊이 논의하는 자체 그룹도 운영한다. 온라인 그룹 참여 외에도 장애 학생 양육 관련 연수에 참석하며, 이 분야에서 연수를 이끌기도 했다.

역자 소개

정종진(Jeong Jongjin)
건국대학교 대학원 교육학과(교육심리학 전공)/ 교육학박사
전 대구교육대학교 교육학과 교수
　한국초등상담교육학회 회장/ 한국교육심리학회 부회장
　호주 퀸즐랜드대학교/ 뉴질랜드 크라이스트처치교육대학 객원교수
현 대구교육대학교 명예교수

조명선(Cho Myoungsun)
국립공주대학교 대학원 교육학과(교육심리상담 전공)/ 교육학박사
현 국립공주대학교 교육대학원 비전임교수

김경희(Kim Gyeonghee)
국립공주대학교 대학원 교육학과(교육심리상담 전공)/ 교육학박사
현 국립공주대학교 자율전공학부 아카데믹 어드바이저(학사지도교수)

김민희(Kim Minhee)
청주교육대학교 교육대학원 교육학과(상담심리 전공)/ 교육학석사
현 세종 그로잉마인드 심리상담센터 학습상담사

이정신(Lee Jeungsin)
국립공주대학교 대학원 교육학과(교육심리상담 전공)/ 교육학박사
현 천안 초록교육상담센터 소장

정진숙(Jung Jinsuk)
영남대학교 대학원 미술치료학과(미술치료 전공)/ 미술치료학박사
현 동아대학교 교육대학원 겸임교수
　고용노동부 민간위탁기관 (주)정담피엔씨 대표이사

청소년의 마음건강을 위한 자기조절 워크북

인지행동치료(CBT) 연습 42가지 활동

The Teens' Workbook to Self Regulate: Empowering Teenagers to Handle Emotions with Success through Coping Strategies and CBT Exercises

2026년 1월 20일 1판 1쇄 인쇄
2026년 1월 30일 1판 1쇄 발행

지은이 • Richard Bass
옮긴이 • 정종진 · 조명선 · 김경희 · 김민희 · 이정신 · 정진숙
펴낸이 • 김진환
펴낸곳 • (주) 학지사
04031 서울특별시 마포구 양화로 15길 20 마인드월드빌딩
대표전화 • 02)330-5114 팩스 • 02)324-2345
등록번호 • 제313-2006-000265호

홈페이지 • http://www.hakjisa.co.kr
인스타그램 • https://www.instagram.com/hakjisabook

ISBN 978-89-997-3611-7 93370

정가 16,000원

역자와의 협약으로 인지는 생략합니다.
파본은 구입처에서 교환해 드립니다.